序

この十年ばかりの間に、社会心理学の文献に、スティグマ——社会によって完全に受け容れられる資格を与えられない者の状況——に関して大量の仕事が加えられてきている。[1] この分野に、有用な臨床的研究がつぎつぎに発表され、[2] その枠組は、人間に関するいろいろな新しいカテゴリーにも適用されてきている。[3]

この試論[4]において私は、スティグマに関するいくつかの仕事、ことにいくつかの一般向きの仕事を渉猟して、それらから社会学が得るところが何かあるかを検討してみたいと思う。スティグマに関する材料をそれに隣接する事実と区別し、この材料が一つの概念枠によってどれほど簡潔に記述できるかを示し、さらにスティグマと逸脱の中心問題の関係を明らかにしてみたいと思う。このような作業を通して私は、一組の特殊な概念すなわち〈社会的情報〉——個人が直接に自己の身につけている情報——に関連する概念を定式化し、使用することができるようになるであろう。

スティグマの社会学　目次

凡例

一　本書は Erving Goffman, *Stigma: Notes on the Management of Spoiled Identity*, Prentice-Hall, Inc., 1963 の全訳である。

二　原書の本文中の引用符〝　〟のうち、訳書では、単語または句に使用されたものには〈　〉、節に使用されたものには「　」をあてた。

三　原書の本文中のイタリック体には、訳書では傍点を付した。

四　原書の本文中の［　］、（　）、——は、訳書でもそのまま使用した。

五　原書の脚注は行間に1、2……で示し、一括して巻末に付してある。

六　訳書の本文中および原注の〔　〕は、訳者が補ったものである。

七　訳注は＊で示し、原注の後に一括してある。

スティグマの社会学——烙印を押されたアイデンティティ

ローンリーハーツ様※

私は今十六才です。もしあなたが私にどうしたらよいのかお教え下さったなら、この上ないことですし、大変感謝いたします。私がまだちっちゃかったときは、それほどひどくなかったのです。それというのも、近所《ブロック》の子供たちのいたずらには、なれっこになっていましたから。この頃、ほかの女の子と同じようにボーイ・フレンドをもち、土曜日の夜にはデートをしたいと思うようになりましたが、誰も私を連れて行ってくれません。というのは私には生まれたときから鼻がないからです――でも私は上手に踊れますし、スタイルもなかなかです。父はきれいな服を買ってくれます。

私は一日中鏡を見ては泣いています。私の顔の真中には大きな穴があり、みんなが恐がります。私だって恐いぐらいです。ですから男の子が私を連れて行きたいと思わなくても仕方ないと考えています。母は私を大事にしてくれます。でも私を見ると大変泣きます。

こんな酷い目に会うなんて、私がいったい何をしたというんでしょう？　何か悪いことをしたとしても、一つになる前には何もしてません。私はこんな風に生まれついたのです。パパに聞いてみるんですが、彼も知りません。もしかすると、生まれる前に、前の世で何かしたのかもしれません。あるいはもしかすると、彼の犯した罪の報いを受けているのかもしれません。でもそうも思えません。だって彼はとってもいい人なんですもの。私は自殺すべきでしょうか？

絶望している娘

※ Nathanael West, *Miss Lonelyhearts* (New Directions, 1962), pp.14-15.

I　スティグマと社会的アイデンティティ

スティグマという言葉を用いたのは、明らかに、視覚の鋭かったギリシア人が最初であった。それは肉体上の徴《しるし》をいい表わす言葉であり、その徴は、つけている者の徳性上の状態にどこか異常なところ、悪いところのあることを人びとに告知するために考案されたものであった。徴は肉体に刻みつけられるか、焼きつけられて、その徴をつけた者は奴隷、犯罪者、謀叛人——すなわち、穢れた者、忌むべき者、避けられるべき者（とくに公共の場所では）であることを告知したのであった。のちに、キリスト教の時代になって、二つの隠喩の層がこの言葉に加えられた。第一の層は、皮膚に口をぱっくり開けた形をとって肉体に現われた聖寵の徴を意味していた。第二の層は、この宗教的隠喩への医学的言及で、身体上の異常の肉体的徴候を意味していた。今日ではこの言葉は、最初のギリシア語の字義上の意味と似た意味で広く用いられているが、不面目《ディスグレイス》を表わす肉体上の徴ではなく、不面目自体をいい表わすのに使われている。さらにつけ加えるなら、関心をもたれる不面目の種類にも変化が生じてきている。しかしながら研究者たちは、現在までのところスティグマの構造的前提条件を記述するための努力、あるいは、概念自体に定義を与える努力さえほとんどしてきてはいない。それで、初めに、ごく一般的な前提と定義を簡略に述べておく試みが必要と思われる。

予備的考察

社会は、人びとをいくつかのカテゴリーに区分する手段と、それぞれのカテゴリーの成員に一般的で自然と感じられる属性のいっさいを画定している。さまざまの社会的場面《セッティング》が、そこで通常出会う人びとのカテゴリーをも決定している。状況のはっきりした場面では社会的交渉のきまった手順があるので、われわれはとくに注意したり頭を使わなくても、予想されている他者と交渉することができる。したがって未知の人が面前に現われても、われわれは普通、最初に目につく外見から、彼のカテゴリーとか属性、すなわち彼の〈社会的アイデンティティ〉を想定することができるのである。このアイデンティティという言葉を使うほうが、〈社会的身分《ステイタス》〉*という言葉を用いるより適切である。というのは、アイデンティティという言葉には、〈職業〉という社会構造上の属性はもちろん、〈正直〉というような人柄を表わす属性も同時に含まれているからである。

われわれは、初めわれわれが普通もっている右のような想定に依存し、ついで〈集団／社会内で〕基準的／標準的とされている〔価値体系に準拠した〕期待〔以下、基準的期待〕、すなわち正当に提出された要求、へとその想定を変えていく。

通常われわれは、最初の要求が満たされるかどうかという実際的問題が起きるまでは、自分たちがそのような要求をしたことに気づきもしないし、あるいは最初の要求がどんなものだったかにも気づかずにいるのである。気づかずにいたことに気づいて初めて、面前にいる人がどういう人なのかについて、知らず知らずに自分が自明としているいくつかの前提《アサンプションズ》があったことに思い当ることがしばしばだ。このようなわけで、われわれのしている要求を〈実効をもつ〉（in effect）要求とよぶのが適切だろう。また相手の人にわれわれが帰属させている性格は、予想された行為から顧みて（in potential retrospect）行なわれる性格付与──すなわち〈実効をもつ〉性格づけ、すなわち対他的な社会的アイデンティティ（a virtual social identity）*とよぶのがよかろう。彼が事実もっていることを、求められれば明らかにし得るカテゴリー、属性は、これを彼の即自的な社会的アイデンティティ（an actual social identity）ということにしよう。

未知の人が、われわれの面前にいる間に、彼に適合的と思われるカテゴリー所属の他の人びとと異なっていることを示す属性、それも望ましくない種類の属性──極端な場合はまったく悪人であるとか、危険人物であるとか、無能であるとかいう──をもっていることが立証されることもあり得る。このような場合彼はわれわれの心のなかで健全で正常な人から汚れた卑小な人に貶《おとし》められる。この種の属性がスティグマなのである。ことに人の信頼／面目を失わせる

(discredit)* 働きが非常に広汎にわたるときに、この種の属性はスティグマなのである。この属性はまた欠点／瑕疵《かし》、短所、ハンディキャップともよばれる。スティグマは、対他的な社会的アイデンティティと即自的な社会的アイデンティティの間のある特殊な乖離を構成している。対他的な社会的アイデンティティと即自的な社会的アイデンティティの間にはまだ他の型の乖離もあることに注意してほしい。たとえば、ある人を社会的に想定されたあるカテゴリーから、それとは別の最初の想定同様に充分予測できたカテゴリーへと再度分類しなおす理由になる種類の乖離と、同じ人の評価をよりよい評価に変える理由になる種類の乖離である。また次のようなことも注意してほしい。すなわちすべての望ましくない属性が問題になるのではなく、ある型の人がどうあるべきかについてわれわれがもっているステレオタイプと不調和な属性だけが問題になる、ということである。

そこでスティグマという言葉は、人の信頼をひどく失わせるような属性をいい表わすために用いられるが、本当に必要なのは明らかに、属性ではなくて関係を表現する言葉なのだ、ということである。ある種の者がそれをもつとスティグマとなる属性も、別のタイプの人には正常性を保証することがある。したがってそのような属性はそれ自体では、信頼をかち得ることになるものでも、信頼を失わせることになるものでもない。たとえばアメリカではある種の仕事につくには〔大学出であることが必要とされるので〕、必要とされる大学教育を受けていない者は、その事実を隠そうとする、逆に、別の種類の仕事は、〔好ましくない仕事なので〕その仕事に従事している〔高等教育を受けた〕人は、失敗者、部外者というレッテルを貼られたくないために、大学出という事実を隠そうとする。類似した事情は次のようなことにもある。中流階層の少年は図書館に行くところを見られても、何ら良心の呵責を感じない。ところが、ある職業的犯罪者は以下のように書いている。

私は思い出すのだが、今までに一度ならず、たとえば私が住んでいた近くの公立図書館に入るとき、実際に足を踏み入れるに先立って、二度、三度とふり返って見たことがある。ただ、近くに私を知っている人がいて私の入って行くところを見ているのではないかと、確かめたかったのである。[1]

もう一つ同じような例をあげよう。国のために戦いに出たいと願う者が、自分の身体の状態が不適格とされないように、肉体的障害を隠すことがある。しかしあとになって、同一人物が苦しくなり軍隊をやめたくなって、一度はうまい具合に軍の病院に入院する許可を得ることに成功したとする。ところがもしここで実際は急性の疾病をもたないことが分かったなら、彼は信頼を失うことになる。[2] この場合、スティグマは実際は属性とステレオタイプの間の特殊な関係ということになる。もっとも私はこの点をどこまでも主張するつもりはない。その理由の一部は、われわれの社会にはどのような脈絡にせよ、それをもつことで人の信頼を失うことになるような重大な属性がいろいろあるからである。

スティグマという言葉、およびその同義語は次のような二つの方向への展望を覆い隠す。その二つの展望とは、スティグマのある者は、自分の特異性がすでに人に知られている、あるいは人に見られればすぐに分かってしまうと仮定しているのか、それとも彼は自分の特異性がその場に居合わせる人のまだ知るところとはなっていない、あるいはすぐには感知されるところとはならないと仮定しているのか、ということである。第一の場合には、人はすでに信頼を失った者（the discredited）の苦境におかれるのであり、第二の場合には、信頼を失う事情のある者（the discreditable）の苦境におかれるのである。たとえある特定のスティグマをもつ者が二つの型の状況のいずれをも経験することがあるとしても、ここには重大な相違がある。私はまず、すでに信頼を失った者の状態を取り扱い、次に信頼を失う事情をもつ者を取り扱うが、必ずしもつねに両者を別々に論ずるものではない。

三つのきわめて異なった種類のスティグマについて述べよう。第一に、肉体のもつさまざまの醜悪さ——つまりもろもろの肉体上の奇形がある。第二に、個人の性格上のさまざまの欠点があり、それらは意志薄弱、過度の、あるいは異常な情欲、頼りにならぬ信念、かたくなすぎる信念、不正直などとして人びとに知覚されており、精神異常、投獄、麻薬常用、アルコール依存症、同性愛、失業、自殺企図、過激な政治運動などの記録から推測されるものである。第三に、人種、民族、宗教などという集団《トライバル》に帰属されるスティグマがある。それらのスティグマは家系を通して伝えられるものであり、家族の全員を一様に汚染するものである。[3] 右のさまざまなスティグマの例には、ギリシア人がスティグマと考えていたものをも含めて、同一の社会学的特徴が認められる。その特徴には、それさえなければ問題なく通常の社会的交渉で受け容れられるはずの個人に出会う者の注意を否応なく惹いて顔をそむけさせ、彼にある他の好ましい属性を無視させるようなところがあるのだ。〔この場合〕彼はスティグマ、すなわちわれわれが期待していたものとは違う望ましくない特異性をもっているのである。われわれ、ならびに当面の特定の期待から負の方向に逸脱していない者を、今後私は常人（the normals）とよぶことにする。

われわれ常人がスティグマのある人に対してとる態度、われわれが彼に関してとる行為はよく知られている。というのはこれらの反応は、善意の社会的措置が和らげ改めようとしているものにほかならないからである。よくあることだが、スティグマのある人を、定義上当然完全な意味での人間ではない、とわれわれは思い込んでいる。このわれわれが無意識に自明としている前提《アサンプション》に基づいて、われわれはいろいろな差別をし、ときに深く考えもしないで、事実上彼らのライフ・チャンスを狭めている。われわれはスティグマの理論、すなわち彼の劣性、ならびに彼が象徴している危険を説明するイデオロギーを考案し、さらには他の差異、たとえば社会階層、に根ざす敵意を正当化しようとするのである。[4] われわれは日常の会話の中で、隠喩とか連想の源泉として、不具《クリプル》、父なし子《バスタード》、のろま《モロン》などの特定のスティグマを表わす言葉を、一般にその本来の意味を考えもしないで用いている。[5] われわれは元の不完全な点を土台にして、広い範囲にわたって数々の不完全な属性を帰属させ、[6] 同時に、望ましいがしかし実際には望まれたことのない属性（それはしばしば超自然的な性質を帯びている）、たとえば〈第六感〉とか〈勘〉、をも帰属させる傾向があるのだ。[7]

盲人にふれたり、手をひいたりするのにためらいを覚える人がいる反面、明らかに視覚が不完全だという印象を、無能というゲシュタルトにまで一般化し、盲人があたかも聾者ででもあるかのように、彼に向かって大きな声で物をいったり、あるいは盲人があたかも足が不自由ででもあるかのように、手を貸して立たせようとする人もいる。盲人の前に立つ人びとは、ステレオタイプに根ざしたありとあらゆる無批判的な考え方をするのである。たとえば彼らは盲人が常人にはない特別な情報の通路をもっているので、盲人特有の判断をすると考えたりする。[8]

さらにつけ加えると、われわれは、スティグマのある人の状況に対する防衛的反応は、彼の障害の直接的表現であると見、ついで障害も反応も二つながら、まさに彼、あるいは彼の両親、あるいは彼の一族がしたことに対する当然の酬いである、と見做すようになり、われわれが彼を扱う扱い方を正当化するようになる。[9]

ここで、常人が、その人に比較対照して常人とされる人を考えてみよう。一般的にいって確かと思われることは、ある社会的カテゴリーの成員たちが、彼らと他のカテゴリーの成員たちの間で、自分たちには直接に適用されるものではないという合意に達している判断の基準を、つよく支持することがあるということである。このようなわけで、たとえば実業家が女性には女性らしい行動を、僧侶には克己的な行動を要求するが、自分自身はこのような行動のスタイルのいずれをも実践しなくてはならない人間とは思ってはいない、ということが起きる。ある基準を実践《リアライズ》することと、ただ単にそれを支持することとの間には明白な相違があるのだ。この場合にはスティグマの問題は生じない。それが生ずるのは、特定のカテゴリーの成員が、そのカテゴリーに固有の基準をただ単に支持するばかりでなくそれを実践することを、あらゆる人びとから期待されている場合である。

人が実際に要求されている水準まで達することができず、しかも比較的この失敗に傷つかないという場合もあり得る。たとえば疎外感によって孤立し、独自のアイデンティティに関する信憑（identity beliefs）に守られて、自分は完全に申し分のない正常な人間であり、常人こそいい加減な人間なのだ、と感じている人がそれである。彼にはスティグマがあるが、それを大して気にはかけていないようであるし、そのことを後めたいとも思ってはいない。このような可能性は、メノ派*教徒、ロマニ〔ジプシー（廃語）〕、厚顔無恥の悪党、きわめて正統的なユダヤ教徒についてのいろいろな挿話でよく知られている通りである。

しかし、現今のアメリカでは、〔集団ごとの〕独立した体面《オナー》の体系は衰退する傾向にあるように思われる。スティグマのある者も、アイデンティティについては常人と同じ考え方をもつ傾向がある。このことは重大な事実である。そのような人が自己の存在について抱く感情は、深いところで自分は〈正常の人間〉、すなわち他の誰とも同じ人間であり、したがって公平な機会と運にめぐまれるに値する人間であるということであろう。[10]（実際は、どういう風に表現されても、このような人は自分の要求の根拠をすべての人びとにあって当然と考えられるものにおいてはおらず、彼が紛れもなく所属しているある特定の社会的カテゴリーの人びと、たとえば彼と同じ年齢、性、職業、などのカテゴリーに所属するすべての人びとにのみ自分の要求の根拠をおいているのである。）それでも彼は、他の人びとがどんなことを表明しようと、彼らは自分を実際には〈受け容れ〉（accept）てはいないし、また〈対等の条件〉で彼と交渉する心の用意もないことを感知しているのであり、その知覚は一般に的を射ているのだ。[11] さらに、彼が直接に接している〔対人関係／集団／社会〕より広い社会（the wider society* 以下、包括社会）から得た基準によって、彼は他人が何を自分の欠点とみているかをひしひしと感じているのであって、その知覚は不可避的にたとえわずかの間でも彼が自分は当然あるべき姿から実際にずれているということを納得する気にさせるのである。恥は自分の属性のどれか一つを、それをもつことが身を不完全にするものと知覚するか、自分はそれをもっていないと即刻判断できる場合に、生ずる可能性のきわめてつよいものである。すぐ近くに常人がいると、自己への要求（self-demands）と現実の自己《セルフ》のこの乖離は増幅され易いが、実際にはただ身辺に鏡があるだけでも、自己嫌悪と自己卑下が生ずることがある。

とうとう起き上がって……ふたたび歩くようになったある日、私は手鏡をもって姿見《ミラー》のところへ行き、自分を見た。私はひとりで行ったのである。私が自分の姿を初めて見たときどう感ずるかを……私は誰にも知られたくなかったのだ。しかし私は騒ぎもしなければ、声もあげなかった。自分を見たとき、私は激情にかられて悲鳴をあげることもしなかったのだ。私の感覚はまったく麻痺してしまっていたのである。鏡のなかのあの人間が私であるはずがない。私は心のなかでは健康で平凡で幸運な人間のように感じていた――鏡のなかのあの人間のようにではなく。それでも私が鏡に顔をふたたび向けたとき、そこにあったのはこちらを見返している私自身の目であった。それは恥ずかしさで熱くなっていた……私が叫び声もあげず、音もたてなかったとき、そのことを誰かに話すなどということは不可能になった。私の見たものがもたらした困惑と狼狽はその時その場で私のうちに封じ込められ、それから先長い間、私がひとりで対決しなくてはならないものになったのである。[12]

私は自分が鏡のなかで見たものをよく忘れていた。それは私の心の内側にくいこんできて私を形づくる一部となることはなかった。私はそれが私とは何のかかわりもないことのように感じていた。〔私の見た〕それはただの扮装なのだから。しかしその扮装は、自分の意志で気儘に身に着けることができるものでも、自分のアイデンティティに関して人びとを混乱させるために作られたものでもなかった。私の扮装はお伽噺のなかの人物たちのように、私の同意もなく私の知らないうちに押し付けられたものなのだった。私自身のアイデンティティについて、その扮装に混乱させられたのは私自身だったのである。私は鏡を見た、そして恐怖におそわれた。それは私が自分自身を認めることができなかったからだ。自分が立っているその場所に、何にも不可能なことなどない幸運にめぐまれた人間のように、心のなかにロマンチックな昂揚を感じながら、私は見知らぬ人を見た。小さな、哀れっぽい、醜い姿と、私が凝視《ぎょうし》するうちに恥でゆがみ赤くなって行く顔を私は見た。それは扮装に過ぎなかった。しかしそれは生涯、私に外見としてつきまとうものだった。疑いようもなく厳然と存在している現実。こういう対面は、そのたびに頭にがんと一発くらわされたような感じを与えた。対面するごとに私は茫然となり、言葉もなく、自失した。しかしふたたびゆっくりと頑固に、自分は健康で美しいという強固で執拗な幻想が、私のなかに広がるのであった。そして私は現実を私に関係ないものと忘れ去り、再度まったく不用心になり傷つき易い状態に戻るのであった[13]。

スティグマをもつ人間の人生における状況の中心的特質を記述する準備がようやくできた。

それは、よく曖昧に、〈受け容れ〉とよばれている状態の問題である。スティグマのある人と交渉する人びとは、彼にふさわしい敬意と顧慮をえてして払わない。この敬意と顧慮は、彼の社会的アイデンティティには汚染されていない側面があるかぎり、人びとがかつては彼に払うつもりでいたものであり、彼も従来は受けることを予想していたものである。スティグマのある人はこの否認に呼応して、自分の属性のあるものが、そういう扱いを受けても止むを得ないものであることを認めるのである。

スティグマのある人は、どのように彼の状況に反応するであろうか。場合によっては、彼が自分の弱点の客観的基盤と見做すものを矯正するという、直接的な試みをすることも可能であろう。たとえば肉体的障害のある者が整形外科手術を、盲目の人が眼の治療を、文盲が識字教育を、性同一性障害者が心理療法を受ける場合がそれである。(このような矯正が可能な場合、結果として残ることは、完全な常人の身分《ステイタス》ではなく、ある特定の欠点のある者からその特定の欠点を矯正した記録のある者への自己の変化である。)ここで〈いいかも〉(victimization)にされる傾向のことを指摘しておこう。それは吃音矯正器、肌色脱色剤、伸長器、若返り剤(授精した卵黄を用いる若返り法のような)、おまじないや、もったいぶった話術で言葉たくみに治療を売り込む悪徳商人にスティグマのある人びとが足許を見られる結果生ずることなのである。役に立つ技術であるのか、インチキであるのかはともかく、そういったものへの渇望(大抵はひそかな)があるということは、スティグマのある人が自ら求めて至る極限的状態と、したがってそういう極限的状態に彼らを追いこむ状況の独特の苦しさをよく示している。一例をあげよう。

ペック女史［難聴者のために先駆的な仕事をしたニューヨークの社会福祉家］は次のように語っている。「昔たくさんいたいかさま師、一獲千金をねらう薬屋は［難聴者］互助会を、磁気帽、奇跡的な効果をあげる按摩器、人工鼓膜、送音器、通風器、マッサージ器、不思議によく効く油、香膏、その他の不治の聾者に対する保証つきの、絶対確実によくきき、効果の永続的な治療薬などの斡旋機関として、この上ない絶好の儲《もう》け場所と見ていました。このようなインチキ商品の広告は（一九二〇年代にアメリカ医学協会が調査のキャンペーンにのりだすまで）、日刊紙、有名雑誌にさえも掲載されて、難聴者たちの心を煩わしたのです。[14]」

スティグマのある人はまた、個人的努力によって、障害のある者には附随的、肉体的理由で普通は閉ざされている活動分野を自分のものとし、間接に自分の生存条件を改善しようと試みることがある。たとえば足の不自由な人が水泳、乗馬、テニス、航空機操縦をするようになる、もしくは再び従前のようにできるようになるとか、あるいは盲人がスキー、登山に上達するという例がそれである。[15] もちろん、苦渋に満ちた練習の結果、習得したことを痛々しい仕方で演ずることもある。たとえば車椅子から離れられない人が、女性と踊り場に出て、どうにかダンスの真似事をするというような場合である。[16] 最後は、自分の特異性を恥じて、いわゆる現実との関係を断つに至り、かたくなに自分の社会的アイデンティティの性質に自己流の独断的な解釈をするというような場合である。

スティグマのある人は、よく自分のスティグマを〈余得〉として利用しようとする。それはたとえば〔スティグマに関係のない〕他の理由で生じた失敗の口実にするようなことである。

> 長い間、創傷、兎唇、不格好な鼻は一種のハンディキャップと見られてきた。社会的に、また心理的に適応する場合、その種のハンディキャップが重大な意味をもつことから、無意識のうちにそれはあらゆることに関係させられる。ハンディキャップは、患者が自分の社会生活におけるいっさいの無能さ、いっさいの不満、いっさいの思いきりの悪さ、いっさいの不快な義務などを、ひっかけておく、いわば〈かぎ〉である。彼は、競争に参加しないうまい口実としてばかりでなく、社会的責任を免れる盾*(a protection)としても、ハンディキャップに頼るようになる。
>
> この要素を外科手術で除去すると、患者はそれまでハンディキャップが彼に与えていた多少なりとも人の認めてくれる情動の盾を取り上げられて放りだされ、やがて人生は欠点のない〈普通の〉顔をもつ人びとにとっても、決してそう平穏無事な航海ではないことを発見して、驚き、不安を覚えるのである。彼は人生のこの状況に〈ハンディキャップ〉の助けなし

に取組む準備ができていないのだ。したがって場合によっては、彼は、神経衰弱、病的興奮《ヒステリ》状態《ック》での入信、憂鬱症、急性不安神経症などという行動様式をとり、以前の状態よりやや面倒な、しかし類似の防衛方法を用いるようになることもある。[17]

彼はまた自分が経験した苦しみを形を変えた祝福と見ることもあろう。ことに苦悩は人に、人生と人間について教えてくれるところがある、と感ずる場合がそうである。

　しかし今、病院での経験から遠く離れて、自分が学び得たことを私は評価できます。「と小児麻痺で肢体不自由になったある子持ちの女性は書く。」というのはそれは単なる苦しみではありませんでした。それは苦しみを通して何かを学ぶということだったのです。私は自分の他人についての意識が深まり、増したと思います。私に境遇の似た方々は私を信じて下さっても大丈夫です。私は自分の全身全霊を傾けてその方たちの問題を考えますから。テニス・コートをあちらこちら駆けまわっていては、私はその事を知ることはできなかったでしょう。[18]

このような経験をした人は、常人の限界を再評価することができるようになる。ある多発性硬化症患者（a multiple sclerotic）は次のようにいっている。

健全な心と健全な肉体の所有者たちにも、歪んだところがある。〈常〉人たちが歩きまわり、見たり、聞いたりすることができるという事実は、彼らが本当に見、聞きしているということにはならない。彼らは自分たちの幸福を台なしにするようなものには、まったく目を閉ざし、他人が親切を求めている声にはまったく耳を塞いでいても気にならないところがある。こういった人たちのことを考えると、私は自分が彼ら以上に異常で無力だとは思えない。恐らくささやかな仕方で私は私たちのまわりの美しいもの、温い握手、人をよろこばせようと気づかっている声、春のそよ風、耳に心地よい音楽、好意的なうなずきなどに、彼らの目をひらいてやる道具になれるかも知れない。このような心を閉ざした人たちは私にとっては大切な人たちなのである。私が彼らに援助の手をのべてやれると感ずるのは愉快なことだ。[19]

またある盲人は次のように書いている。

以上のことはただちに、盲目であることよりももっと効果的に、人生における喜びを減少させるようなことがたくさんある、という考えを導くであろう。この考えの道筋はまったく健康なものだ。こういう観点からわれわれに看取できることは、たとえば、人の愛を受け容れることができないというような欠陥は、人生の喜びを効果的にほとんど無に等しいまでに減少させてしまうもので、盲目よりもはるかに悲劇的である、というようなことである。ところがこのような病いに罹《かか》っている人は、自分がその病いを患《わずら》っているということすら知らないでいる。したがって彼には自己をいとおしむことも不可能なのである。[20]

さらにある肢体が不自由な人はいう。

人生が展開するにつれて、ハンディキャップはただ肉体的なものに留まらず、それこそいろいろの種類があることを私は知った。そして先に引用した足の不自由な少女の「苦渋に満ちた」言葉は、松葉杖を必要としないが、醜いとか、不妊であるとか、交際下手であるとか、その他いろいろの理由で劣等感に悩み、人並みでないと感じている若い女性なら誰がいってもおかしくはない言葉だ、と私は思うようになった。[21]

今まで考察して来た常人とスティグマのある人のさまざまな反応は、長い間にわたって、常人とスティグマのある人との間の直接的な交渉がなくても、生ずることがあり得るのである。[22]しかし、本書は〈両者間の接触〉という問題——すなわちスティグマのある者と常人が同一の〈社会的場面〉にある場合、すなわち双方が直接相手を目のあたりにしている場合（それは両者が出会って話をする場合でも、とくに当てもなく人が集まったときに両者が居合わせるといった場合でもかまわない）に、とくに関心を払っている。

いうまでもなく、このような接触が起きることが予想されるだけで、常人もスティグマのある人も、生活を調整してそういう機会を回避しようとすることがある。考えられることは、このような措置はスティグマのある人の側に、より大きな結果を生ずることになるだろう。というのは調整をよりいっそう必要とするのは、通常彼らの側だからである。

〔鼻の先端を切除し〕顔が変形する前はドーヴァー夫人は娘の嫁ぎ先に同居している自立的で、温みのある、友好的な婦人だった。彼女は気儘に旅行をしたり、買物をしたり、数多くある親類を訪問したりして楽しんでいた。ところが顔が醜く変形してから、彼女の生活態度には明瞭な変化が生じた。最初の二、三年は娘の家の外に出ようとはせず、自分の部屋に閉じこもるか、裏庭に坐っていた。「私に希望はありません。人生の扉は私には閉ざされてしまいました。」と彼女はいうのだった。[23]

日常の社会生活で他人から挨拶を返されることがないので、自ら引きこもっている者が疑い深く、沈鬱で、人に敵意を抱き、不安に満ち、錯乱に見舞われることがある。H・S・サリヴァン〔精神科医〕の説明は次のようだ。

他人に劣るところがあると気づくと、最悪の種類の慢性的危機感が形成され、それを意識の外に閉め出すことができなくなる。それは不安に悩むこと、恐らくそれよりいっそう悪性のもの、嫉妬に悩むことにほかならない、嫉妬が実のところ不安より悪性のものだとすれば。他人が自分に敬意を払わないのは、自分が見せている何かのためではないかという恐れは、他人と接触しているとき、つねに不安定でいるということにほかならない。この不安定感は、われわれの経験する大方の不安のように、得体の知れない何か正体不明の源に由来するのではなく、自分では処置しようのないものと分かっているものに由来するのである。それこそ自己《セルフ》‐体系《システム》のほとんど致命的ともいうべき欠陥なのである。というのは自己は、「私は駄目な人間だ、だからみんなが私を嫌うのだし、私も彼らと一緒だと不安定なのだ。」という決定的な定式を、粉飾したり、排除したりすることはできないからである。[24]

常人とスティグマのある人が実際に互いに直接向かい合う関係に立つとき、ことに彼らがこの出会いで共に対話を成立させようとするとき、社会学における根源的《プライマル》状況の一つが生ずる。というのは多くの場合、こういう瞬間にこそ両者はスティグマの原因と結果に直面しなくてはならないのである。

〔この場面で〕スティグマのある人の心のうちには、われわれ常人が彼のアイデンティティをどのように同定し、受け容れるか分からない、という感情が生ずるであろう。[25] 肉体的不能に関心をもつある研究者の言葉を引用してみよう。

障害者が自分の社会的身分について抱く不確実さは、就職の範囲についてばかりか、広汎にわたる社会的相互交渉についても生ずる。盲人、病人、聾者、肢体不自由者には、新しく知り合う人の態度が拒絶的なのか、受容的なのか、接触が完了するまでは不確実なのである。これはまさしく思春期の若者、色素のうすい黒人、移民二世、階層間の移動をしている人、男性優位の職業に就いた女性の立場なのである。[26]

この種の不確実さは、スティグマのある人が単にいろいろあるカテゴリーのどれに位置づけられるか自分には分からない、という事情からのみ生ずるのではなく、またその位置づけが好意的な場合でも、受け容れる側の人びとが心のなかでは自分をスティグマと関連させて定義しているのかも知れない、と彼が気づいていることからも生ずるのである。

率直な人たちについても、私はつねに次のように感じている――彼らは私に好意的であって、気持ちよく付き合ってくれていても、本当のところはつねに心の底で、私をただ犯罪者であって、それ以外の何ものでもないと評価しているのだと。今となっては、私は現在の私以外の在り様をするには時期を逸しているのである。しかしなお私が鋭く感ずることは、これが彼らのとりうる唯一の態度であって、彼らは私をこれ以外の仕方で受け容れることはできないのだ、ということである。[27]

このようにスティグマのある人の心のなかに、いま顔付き合わせている他人が彼について〈本当は〉何を考えているのか分からない、という感じが芽生えるのである。

さらにつけ加えると、両者の接触している間に、スティグマのある人は他人には分からない程度に、また気づかれないような面での行為において、自分が人に与える印象について自意識を働かせ計算ずくにならなくてはならないので、自分は〈舞台に立って《オン》〉いる、と感ずる傾向があるのだ。[28]

彼はまた日常の出来事に対する通常の解釈の枠はすでに土台を侵蝕されてしまっている、とも感じているのが普通である。ちょっとした成功も場合によっては、特筆大書すべき能力の徴と評価されることがある、と彼は感ずる。ある職業的犯罪者が一つの例を提供している。

「ねえあんた。あんたたちがこういう本を読んでいるとは、実際、驚きですよ。あたしは仰天しちまいましたよ。いえほんとです。あたしはあんた方はペーパーバックの探偵小説、けばけばしした表紙のでさあ、あんな本にはまったく縁のない人たちだとばかり思っていましたよ。御存知でしょ、クロード・コックバーンとか、ヒュー・クレアとか、シモーヌ・ド・

ボーヴォワールとか、ロレンス・ダレルとかいう人たちの本。」

お分かりのように、このようなことを彼は人を侮辱する言葉とは全然考えていないのである。事実、彼は自分がどんなに考えちがいをしていたかを、正直に伝えようとしているのだと私は思う。しかしそのような小説が書かれたり、読まれたりすることは、もしあなたが犯罪者だとすると、まさしくあなたが堅気の人たちから受ける庇護なのである。「こいつは驚いた！」と彼らはいう。「ある点じゃ、あんたたちもまったく人間らしいところがあるってわけだ。」私はふざけているのではない、彼らの息の根をとめてやりたいと思っているぐらいなのだから。[29]

またある盲人は別の例を提供している。

彼にとって、かつてはきわめて当り前だった行為——何気なく通りを歩くとか、皿の上の豆をつまむとか、タバコに火をつけるとか——は、もはや当り前のことではなくなる。彼は並外れた人間とされるのである。つまり、もし彼が右のような行為を適切に正確にやりとげるならば、それらの行為は、帽子から兎を出してみせる手品師が人びとに感じさせるのと同じ感嘆をよび起こすのである。[30]

ところが反面、ささいな失敗とか、偶発的な無作法とかは、彼のスティグマという特異性の直接的表現でもあるように解釈される、と彼は感じている。たとえば精神疾患の病歴がある人たちは、配偶者とか雇主と感情的に激しく衝突するのをまま恐れる。というのは、感情を表出すると、それが精神疾患の徴候とされるのではないかという懸念があるからである。精神的に障害のある者も同様の偶発的問題に直面する。

知的能力が低い者が何らかの面倒にまき込まれると、その面倒は多かれ少なかれ自動的に〈知的障害〉に起因するものとされるが、〈通常の知能〉の人が似たような面倒に巻き込まれても、とくにこれといった原因の徴候とは見られないのである。[31]

ある片足を切断した少女は、スポーツをめぐって得た経験を想い出しながら、挿話をいくつか提供している。

私がころぶと女たちが、雛《ひな》をなくした一群の雌鳥《めんどり》のように、がやがやわいわいいいながら群がって来た。それは親切からだった。ふり返って、私は彼女らの気づかいに感謝している。しかし当時は、私は腹をたて、彼女らの干渉にひどく困惑したのであった。というのは彼女らは、ローラー・スケートが動くときにぶつかるごく普通の障碍物——石や棒切れ——が、私が乗っているスケートをひっくり返すのではない、ときめてかかっていたのである。哀れなかよわい障害者だから、私はころぶのだ、という結論が前もってできあがっていたのである。[32]

誰ひとり「あの荒馬が彼女をふり落としたぞ！」とは怒鳴らなかった――その馬は、有難いことに本当は上手に私を落としたのだ――そのとき私がローラー・スケートをした時代が恐ろしいほどよく似た形で再現されたのであった。善良な人たちは声をそろえて「気の毒に、あの可哀そうな娘が落っこちた。」といったのである。[33]

スティグマのある人の欠点が、われわれが彼のほうに（一般に視覚的）注意を向けただけですぐ感知される場合――つまり彼が信頼を失う事情のある人ではなく、すでに信頼を失った人である場合――、彼は常人の間にいると、自分のプライヴァシーはむきだしにされ、侵害されるままになると感ずるのが普通であろう。[34] このことはたとえば、恐らく子供が彼をただ見詰めるだけでも、きわめて鋭く体験されるであろう。[35] この晒《さら》しものになる不快さは、見ず知らずの人びとが、スティグマのある人に向かって労《いたわ》りなしにする会話、その最中に、スティグマのある者にしてみれば、自分の状態についての病的な穿鑿《せんさく》とも思えるほどのものを彼らが示すとか、彼が必要だとも、欲しいとも思わない助力を彼らが申し出たりする会話、でいっそう募《つの》ることがある。[36] こういった種類の会話には昔からいくつかの紋切り型のいいまわしがある。「おやお嬢さん、どうしてそれ《クイグル》（quiggle、* quibble の誤りか）ができたんですか?」「私の大叔父にもそれがありましたよ、ですからあなたがそれ《クイグル》にどんなに悩んでおいでかよくわかります。」「ねえあんた、私はいつもいっているんですがね、それ《クイグル》のある人は家庭的で、自分の仲間の世話をよくしますってね。」「お風呂に入るときどうするんですか、それ《クイグル》が邪魔でしょう。」こういった話の糸口のもつ意味は、見ず知らずの者たちがスティグマのある人の窮状に同情を示しさえすれば、彼らはこの種の人たちに意のままに接近できるということにある。

スティグマのある人と常人の両者が接触する社会的場面に参加するとき、スティグマのある人がすぐに直面するものがきまっていると、彼は先を見越して防衛的で萎縮した反応をすることがある。大恐慌時代のドイツの失業者についての先駆的研究はこのことを示している。以下の言葉は四十三才の石工のものである。

失業者という名称をもつことがどれほど苛酷で情けないことか。外出すると、私は自分自身がまったく不甲斐なくて地面を見て歩く。路を行くとき、私には自分が普通の市民たちとは比べものにならないように思われ、私は後指《うしろゆび》をさされているような気がした。私は本能的に人と会うのを避ける。順調だったときの知人や友人ももはやそう丁重ではない。会っても彼らは冷やかな挨拶しかしない。彼らはタバコもすすめず、その目は「君にタバコを喫う資格なんかないよ。働いていないいんじゃないか。」といっているように見えるのである。[37]

ある若い肢体不自由な女性が消息をよく伝える分析を提供している。

私が街をひとり歩きするようになってから……三、四人の子供たちが集まって歩道にいるところをどうしても通り過ぎなくてはならないとき、たまたまあたりに誰もいないと、彼らは私に向かって喚声をあげるのであった。よく彼らは私の後を追いかけて来たりすることさえあって、わめいたり、嘲ったりした。私はこれにどう対処していいか分からなかった。それは耐え切れないことのように思えた……

しばらくの間、街で子供たちとこういう出会いを重ねるうちに、どの見知らぬ子供をみても、私は恐怖心で満たされるようになってしまった……

ある日突然、自分が自意識過剰で、未知の子供たちを恐れるようになってしまっているので、子供たちは動物のように、私が彼らを恐れているのを知っているのだということ、だからとてもおとなしい愛くるしい子供でも私自身の萎縮と恐怖に誘われて自動的に嘲笑的態度をとるようになるのだ、ということに私は気がついた。[38]

スティグマのある人が萎縮せずに、敵意に満ちた虚勢をはって、常人と接触しようとすることがある。ところがそれはまたそれなりに、面倒な反応を他人から引き出すことになることがある。スティグマのある人は、よく萎縮と虚勢の間を、一方から他方へ素早く変わり揺れ動く。当り前の何でもない対面的相互交渉を駄目にしてしまうときによくある経過がこれである。

以上のような事情から、私が指摘したいのは、スティグマのある人——少なくとも〈一見してそれと分かる〉スティグマのある人——は、両者の接触の行なわれる社会的場面は気づまりな表面的な相互交渉の場になるという独特の感情をもつ、ということである。しかしもしそうならわれわれ常人もこういう場面が不安定なものだと感知しているのではないか、と考えてみてもよいはずである。われわれは、スティグマのある人は過度に攻撃的か、引込み思案に過ぎるかどちらかで、いずれの場合にもわれわれの行為に意図もしていない意味を読み込み過ぎる、と感じている。われわれ自身にしても、もしわれわれがむきだしの同情的関心を彼らのおかれている状《コンディション》況に向けるとすれば、限度を踏み越えていると感じよう。しかし逆にわれわれがもし彼に欠点があるという事実を忘れたら、彼には到底不可能なことを要求したり、無思慮にも彼の仲間の受難者たちを軽んじたりすることになろう。われわれが彼と同じ場面に居合わせるとき、彼にとって潜在的に居心地悪さの種になるものはどれもこれもみな、それを彼が気にしているとわれわれが察知する可能性のあるものなのだ。つまりわれわれが気にしていると彼も気づいているのである。そして彼のそういう心理についてわれわれがあれこれ憶測していることも彼は気にしているのである。かくしてここには、G・H・ミードの社会心理学が、どのようにして始まるかは明らかにしたが、どのように終るかは明らかにしなかった、相互的考慮という無限後退（the infinite regress of mutual consideration）の舞台が設定されるのである。

スティグマのある人とわれわれ常人が共々に、何らかのものを両者の接触する社会的場面にもちこむ以上、事がすべて円滑に進行するわけではないのは理の当然なのである。われわれには、その場面で自分が無理なく利用できる人間のタイプの一つに、あたかも彼がまったく過不足なく適合するかのように事をすすめようとする傾向があるのだ。この場合われわれは、彼を恐らくこの程度の人間とわれわれが感ずるより、いっそう優れた人間として取り扱う結果になっていることもあろうし、逆にいっそう劣った人間として取り扱う結果になっていることもあろう。いずれの方針もとれないときは、われわれは彼があたかも〈人間ではないもの《ノン・パースン》〉であり、また、儀礼《リチュアル》的注意も払う必要のまったくない人間としてわれわれの面前に存在しているかのように行為しようとすることもあろう。彼は彼で、右のような取り扱いを、少なくとも最初の間は、我慢するのが普通である。

その結果、注意はそれが当然向けられるべき対象からひそかにそらされる。そして自意識と〈他人についての意識〉——相互交渉の病理的現象——すなわち気づまり（uneasiness）が生じて来る。[39] それはたとえば肉体的な障害のある者の症例に次のように述べられている。

ありのままの形のハンディキャップが、あからさまに、率直に反応を受けるにせよ、あるいは、ごく普通に見られるように、すぐ分かる仕方でそれにふれられないにせよ、緊張し狭められた意識という底に流れる条件のために、相互交渉はもっぱらその障害に即して展開されるようになる。このような状態は、私に情報を提供してくれた人びとの述べているところによれば、気づまりと気分を害していることを示す周知の徴候の少なくとも一つは伴うという。その徴候とは、遠まわしの言及、突如としてタブーになったありふれた日常語、宙に向けられた眼差し、わざとらしい快活さ、衝動的多弁、ぎごちない神妙さなどである。[40]

スティグマをもっていることがすでに知られているか、あるいはすぐに感知される人とさまざまの社会的場面に居合わせるとき、われわれが不適当なカテゴリーを用いることがよくあり、その結果、ままわれわれも彼も共に気づまりを覚える。いうまでもないことだが、このようなことを出発点にして、意義深い動きが始まることもしばしばである。スティグマのある人は、われわれ以上にこの種の気づまりな状況に直面することが多くなりがちなので、彼は似た状況を切り抜けるのがうまくなる。

同《ザ・オウン》類と事情通《ザ・ワイズ》

すでに指摘した通り、個人の即自的アイデンティティと対他的アイデンティティの間に乖離があることがある。この乖離が他人に知られたり、顕《あら》わになったりすると、その人の社会的アイデンティティは傷つく。乖離の露顕は彼を、社会からも自分自身からも、遮断するような効果をもっているので、彼は自分を受け容れない世界を前にして、信頼を失った者として立つことになる。たとえば生まれつき鼻のない人のような場合、一生を通じて、自分のような人間は他に存在せず、世界はすべて自分の敵だ、ということを思い知らされつづける。しかし大抵は、この世界における彼の立場に立ち、彼の姿態とか、彼自身の自己についての疑いにもかかわらず、彼が人間であり、〈本質的には〉正常だ、という感情を積極的に共有してくれ、彼に同情を示す人間がいることを彼は発見するのである。これに該当する二つのカテゴリーについて考察してみよう。

彼に同情的な人の第一のカテゴリーは、いうまでもなく、彼と同じスティグマのある人びとである。ある特定のスティグマをもつことが、どんなことなのかを経験していることから、同類のなかには彼に対人交渉のコツを伝授したり、一緒に嘆きを共にしてくれたりする者がいる。この嘆きを共にする同類に、彼は精神的《モラル》支持を求め、まったく他の常人たちと変わらない人間として受け容れられ、くつろぎ、やすらいだ気分にひたることができる慰めを求めるのである。

文盲の研究から一例をあげてみよう。

文盲の人びとが仲間同士で相互交渉をするとき、生ずる行動の共同性には、彼らの間にある特異な価値体系が明瞭に現われる。彼らは仲間たちの間では、通常社会においてしばしば常人の目に映ずるような物言わぬわけの分からぬ人びとではなく、表現に富む物分かりのよい人びとになるのである。そればかりでない。彼らは〔独自の〕制度的枠組に従って、自己を表現するのだ。仲間の間で彼らは独自の反応の世界《ユニヴァース・オブ・リスポンス》をもっている。彼らは世評と不名誉のシンボルを作り、それを認知するのである。すなわち、問題の状況を独自の基準に照らして、また独自の慣習に従って評価するのだ。彼らの間の相互関係では、適応的調整（accommodative adjustment）のための仮面は不要になるのである。[41]

別の難聴者の例。

私は、ニッチー・スクールで聴覚障害を当然のものとしている人たちの間にいたときの気安さを思い出す。現在は補聴器を珍しいとは考えない〔人たちがいるならそのような〕人たちを知りたいと思う。誰かが見ているかどうか気にもせず、受信器の音量調整ができたらどれほど気楽なことか。ちょっとの間でも、首の後のコードが人に見えはしないかなどと気にすることなどしないですんだら。人に大声で、「大変だ！　電池がきれたぞ！」ということができたらどれほど豊かな気分か。[42]

自分の同類と一緒にいるときは、スティグマのある者は自分の不利なところを、生活を組織する基盤として利用することができる。しかしそうするためには、半人前の世界《ハーフ・ワールド》に身を委ねることを我慢しなくてはならない。ここでは、彼はスティグマをもつに至った経過を説明する悲しい物語を最大限に展開することになるのである。ある精神障害者が自分と同類のいる施設に入るに至った経過の説明が一つの例を与えている。

(1)「俺ね、ある仲間《ギャング》のかかり合いになってよ。ある晩、ガソリンスタンドに押し込んだところが、お巡りに捕まっちまったんだ。もともと俺こんなところにいる者じゃねぇんだ。」(2)「ねえあんた、ここはあたしのいるところじゃありませんぜ。あたしは癲癇《てんかん》もちでしてね。ここにいる他の連中とは違うんですよ。」(3)「親があたしをきらいなもんで、ここにあたしを入れたんです。」(4)「みんながあたしを変《クレイジー》だっていうんですがね、あたしはどこもおかしかないんです。そうだとしても、あたしは程度の低いこの連中の仲間なんかじゃありませんや。[43]」

ところが他方、自分と同じ悩みをもつ仲間の話にはうんざりし、残忍な話とか、集団が優位にあることとか、詐欺師の話とか、要するに〈問題〉に注意が向くということが、とりもなおさず、何らかの問題をもっていることに由来する大きな不利益の一種と彼は思い知るであろう。この種の問題に注意が向くその背後には、一つの分野に注意を集中した場合、常人の視角とあまり違わない視角が彼にあるのはいうまでもないことだ。

われわれは誰でも、われわれにとって重要な、あるいはわれわれが一般に重要にちがいないと思っている特質を、人びとに帰属させる《アイデンティファイ》傾きがあるように思われる。仮に君が誰かに故フランクリン・D・ローズヴェルトとはどんな人物かと聞いてみるとする。恐らく彼は、ローズヴェルトは合衆国第三十二代の大統領だと答えて、彼が小児麻痺に苦しんだ人だとはいうまい。たとえ多くの人びとが、彼がこのハンディキャップにもかかわらず、ホワイト・ハウスへの道を苦心して切り開いたという事実を興味深い事実だと考え、小児麻痺のことを補足的な情報として述べることがあったとしてもである。しかし肢体不自由な人はローズヴェルトの名前を聞くとすぐ、彼の小児麻痺のことを思い浮べるであろう。[44]

スティグマのある人に関する社会学的研究は、一般に特定の〈障害の〉カテゴリーの人たちが送っている協同生活（もしあるとすれば）に関心を向けるのが普通である。たしかにこの分野には、かなり多くの型の集団形成とか、多くの集団機能の一覧表があろう。言語障害の人たちの特異性は、明らかにどういう形のものにしろ、集団形成を困難にする。[45] 元精神疾患者は集団を形成しようかどうしようかという境にいる——現在のところ一般に、ごくわずかの人だけが精神衛生クラブを積極的に支持する用意ができているに過ぎない。クラブの名称が無害で、メンバーが平凡な装いの下に集まりやすくできているにもかかわらずそうなのである。[46] また離婚者、老人、肥満者、身体障害者、[47] 回腸切除者、直腸切除者[48]などが結成している会員の自立／自活を援助する団体がある。かつてアルコール依存症や麻薬依存症だった人たちのためにできている、さまざまな程度に任意の、寄宿制のクラブもある。また会員に行届いた教義やほとんど人生観というべきものを提供するアルコール依存症者匿名会（AA＝Alcoholics Anonymous）のような全国的規模の組織もある。こういう組織は大体長い間、さまざまな境遇の人びとや、集団の努力の成果なのであり、社会運動として研究にとっての格好の対象となっている。[49] 同一の刑務所とか、矯正施設を出た刑余者たちが形成している相互扶助のネットワークがある。その一例は、仏領ギニアのフランス人流刑地から南アメリカに脱出した者たちの間にあるといわれている秘密結社である。[50] もっと伝統的なものに、面識のある（あるいは、知人の知人の）犯罪者とか、同性愛者たちが所属しているらしい全国的規模の組織がある。売春婦、麻薬常用者、同性愛者、アルコール依存症者とか、その他の世間で白眼視される属性をもつ人たちに地域的基地を提供する斡旋機関の中枢部をもつ都会的環境もある。こういう斡旋機関にはいくつかの違った種類のアウト・カーストに共通のものもあるし、そうでないものもある。最後に、都市には集団に帰属《トライバリー》されるスティグマをもつ人びとが高密度で集中した、民族別《エスニック》、人種別《レイシャル》、あるいは宗教別の住居区域があって、ここには生活上のあらゆる便益がととのっている。この場合(他のスティグマのある人びとの集団形成とは対照的に)、基礎的組織単位は、個人ではなくして、家族である。

いうまでもなく、ここにはよくある概念上の混乱がある。〈カテゴリー〉という術語は、まったく抽象的で、どんな集合(aggregate)にも適用され得る。この文脈では特定のスティグマをもった人びとの集合である。ある特定のスティグマのカテゴリーにはいる人の大半は、〈グループ〉とか、それと同義語の〈われわれ〉、あるいは〈われわれの仲間〉という言葉で、全集団構成員を指示するのが通常であろう。同様にこのカテゴリーにはいらぬ人びとも、このカテゴリーにはいる人たちを一つの集団として扱う。しかしながらこのような場合に、全集団構成員が、もっとも厳密な意味で、一つの単一集団を形成していないことがある。この場合、彼らはまとまって集団として行為(collective actions)する性質《キャパシティ》／能力も、〔構成員間に〕永続的でかつ包括的な相互交渉のパターンももっていないのである。確実なことは、特定のスティグマのカテゴリーの成員たちは、成員のすべてが同一カテゴリーに属する人から成立つ小社会集団を形成する傾きがあり、こういう小社会集団自体、いろいろな程度の上位の組織体に属する、ということである。また、あるカテゴリーの一成員が、〔そのカテゴリーの〕成員と偶然交渉をもつようになると、両者は相手が同一〈グループ〉に所属していると考え、相互に相手の扱いを変える傾向があることも確かである。さらにあるカテゴリーの成員である場合、個人は同じカテゴリーの他の成員と接触するチャンスは増大し、その結果彼と一定の関係さえもつに至るチャンスも増大する。したがってカテゴリーは、その成員たちに集団を形成させ、関係をもたせるように機能することがある。しかしそれだからといって、その全成員が一つの集団を形成することはないのである――以上の説明は概念的にはすっきりしているが、今後、この試論では必ずしもつねに維持される考え方ではない。

特定のスティグマのある人びとが何らかの仕方で生態学的に安定している〔自分たちの〕共同体の要員補充（recruitment）の基盤となるか否かにかかわりなく、彼らは通常自分たちを代表する代理人、代行機関を支持している。〔興味深いことに、われわれはこの種の支持者たちを正確にいい表わす言葉をもたず、代表者の崇拝者、ファン、子分、支持者というような言葉を用いている。〕たとえば、〔特定グループの〕成員たちは、政府、新聞に働きかけ、自分たちの立場を推進する事務局、圧力団体をもつこともある。もっとも彼らが自分たちと同類の者、つまり聾者、盲人、アルコール依存症者、ユダヤ人の場合のように、彼らのことをよく知っている〈身内〉（native）を〔代表者に〕もっている場合と、刑余者、精神障害者の場合のように、外部から誰かを得る場合〔たとえば弁護士、精神科医など〕とではちがっている。[51]〔同一のカテゴリーのスティグマのある人に奉仕するいろいろの行動団体は、相互に多少対立するところがあることもあろう。この対立はしばしば、身内による運営と、常人による運営の差異を反映していることがある。）このような代表者たちのよくやる仕事は、特定のカテゴリーに従前の社会的名称よりは耳ざわりのよい用語を用いるように世間の人たちを説得することである。

このような確信に基づいて、連盟［ニューヨーク難聴者連盟］の幹部は、難聴、聴力障害、聴力喪失という言葉だけを用いるという合意に達した。つまり、つんぼという言葉を会話、通信、その他の著述、公共の場での講習、講演中で使わないことに一致をみたのである。これはうまく行った。ニューヨークでは一般に、ゆっくりではあるが新しい言葉が使われ始めて、妥当な考え方が行なわれるようになった。[52]

彼らがよくするもう一つの仕事は、常人やスティグマのある人を聴衆とするいろいろな講演会に、〈講師〉として登場することである。彼らはスティグマのある人たちを弁護し、彼ら自身がその集団の身内である場合には、充分正常な成果をあげうる生きたモデルとなるのである。すなわち、この種の人間でも一人前の人間になり得ることを証明し、世間の賞讃に値する適応に成功した英雄であることを示すのである。

特定のスティグマのある者たちはしばしば、何らかの出版物の出版を支持し後援《スポンサー》する。それは読者が共有する感情に表現を与え、〈彼が帰属する〉集団の実在感とそれへの連帯感を強化し、安定させる種類の出版物である。ここで成員たちのイデオロギーが定式化される――また、彼らの不満も、希望も、政治行動も定式化されるのである。〈集団〉の著名な友人や、敵の名前があげられ、これらの人びとの善さ、悪さを立証する情報もそえられる。成功物語、すなわち通常の受け容れを与えられる新しい領域を切りひらいた同化の英雄たちの物語も活字になる。常人によるひどい取り扱いの無残な物語は最近のも過去のも記載される。典型的な道徳的教訓物語は、伝記、自伝の形式で、スティグマのある者に対する望ましい行動の範例を例証するものとして提供される。出版物はまた、スティグマのある人びとのおかれている状況にはどのようにすれば、もっとも適切に対処できるかについて異なった意見が提出される討論の場としての役を果たす。もし個人の障害が特殊な装置を必要とするものであれば、その装置はこのようなところに広告され、吟味される。この種の出版物の読者層は、類似した書物、パンフレットの市場となる。

次の点は重要であり強調に値する。その点とは、少なくともアメリカでは、ある特定のスティグマのカテゴリーの成員がどれほど少数で、ひどい生活をしていても、彼らの見解は、何らかの形で公開の機会が与えられる見込みがある、ということだ。したがってスティグマのあるアメリカ人は、仮に教養がないとしても、文字によって定義された世界に住む傾向がある。彼ら自身に類似した状況にある人びとについての本は読まなくても、最低、雑誌を読んだり、映画を見たりするぐらいはする。こういったことさえしない人びとは、近くの話し友だちの話を聞く。このようなわけで、彼らの見解を知的に洗練し、代弁する意見はたいていのスティグマのある人の手の届くところにある。

ここで特定のカテゴリーのスティグマの代表者となる人たちについて注釈しておくのが順序だろう。ひとりのスティグマのある人が最初は、仲間よりやや口が達者であるとか、少しばかり人に知られているとか、いくらか恵まれた交際があるに過ぎないのであるが、やがて〈運動〉に一日かかりきりになり、それが職業になってしまっていることに気づく、というようなことである。この最後の点を一人の難聴者が如実に示している。

一九四二年には、私はほとんど毎日連盟で過ごしていた。月曜日にはいつも赤十字でミシン仕事をし、火曜日はたいてい事務局でタイプを打ったり、書類の整理をやり、人のいないときには交換台の仕事もやった。水曜日の午後、マンハッタン眼科耳鼻科病院で、連盟の耳疾予防診療をする医師の手伝いをした。私はこの仕事がとくに好きだった――仕事の内容は子供たちの記録をつけることであった。鼻かぜ、耳だれ、伝染病、聴覚障害を惹き起こす児童期の疾病は、新しい知識、新薬、耳鼻科学上の新しい技術の利益を享けて〔処置され〕、この子供たちは恐らく耳に綿をつめて成長することはないであろう。木曜日の午後、連盟の読唇術のクラスに出て、その後でみんなでトランプをしたり、お茶を飲んだりした。金曜日には会報にかかりきった。土曜日には卵 - サラダのサンドウィッチとココアを作った。月に一度、私は婦人奉仕会の会合に出席した。これはウェンデル・フィリップス夫人と関心を抱く耳鼻科医の夫人たちが、一九二一年に募金、会員勧誘、社会に向かって連盟を代弁するために結成した有志《ヴォランティア》の集まりである。私は六才児たちのために万聖節前夜祭《ハロウィーン》の贈り物を作り、老人のための感謝祭の晩餐の給仕を手伝った。寄付を求めるクリスマス・カードを書き、封筒の上書きをし、切手をなめるのも手伝った。新しいカーテンをつり、古いピンポン台を修繕し、若い人たちのヴァレンタイン舞踏会の付き添いをやり、復活祭《イースター》のバザーでは売店に立ったのである。[53]

付言すると、特定のスティグマのある人が、一度、高い職業上、政治上、あるいは財政上の位置につくと――どれほど高いかは問題のスティグマ集団によるが――新しい仕事すなわち彼のカテゴリーを代弁するという仕事が否応なしに押し付けられる。彼は目立つので同類の典型として、彼らにかつぎだされるのを避けるわけにいかないことを悟る。（したがって、特定のスティグマの弱さは、そのカテゴリーの誰かがどのくらい著名であり、しかも彼がこのような圧力をどこまで避けられるか、〔彼の代わりが何人程いるか、〕で測ることができる。）

右のような職業化について二つのことがよく指摘される。第一は、スティグマを一つの職業にすると、そのカテゴリーを出自《ネイティヴ》とする指導者たちは、他のカテゴリーの代表者たちと交渉をもたざるを得なくなり、自分の仲間だけの閉鎖的なサークルから外へ出ることになる。つまりここでは自分に不都合なことを避ける口実にしていたものを使って仕事をし、社会的参加という点からすると、彼らが代弁していた人びととの代表であることをやめることになる[54]。

第二に、自分のカテゴリーの立場を職業《プロフェッショナリー》として代表する人たちは、それを提供するにあたって、何らかの一貫した歪みをもち込むことになる。それは彼らが著述しようとする問題に相当程度に絡めとられ心を煩わし《インヴォルヴド》ているからにほかならない。特定のスティグマのカテゴリーには、方針の異なる専門《プロフェッショナル》家を生じ易く、また異なったプログラムを唱導するさまざまの出版物を支持さえするが、ある特定のスティグマをもつ人のおかれている状況が注意に値するという点については〔彼らの間で〕暗黙の合意があるのである。著作家があるスティグマを真剣にとりあげるにしても、軽視するにしても、彼はそれを書くに値するものと規定しなくてはならない。右の最低限度の合意は、他の点での合意がなくても、自我像の基盤としてのステイグマへの信念を強化するように働く。こういう点で代弁者《リプレゼンタティヴズ》たちは代表的《リプレゼンタティヴ》ではない。事実上、代弁はスティグマに注意を払わない人とか、比較的文字に暗い人によってはまず果たされないからである。〔したがってこれらの代弁者の発言には歪みは避けられないのである。〕

私はここで、職業《プロフェッショナル》的代弁者たちが、スティグマのある人びとの生の状況に関して、人びとの注意を喚起する唯一の社会的源泉である、ということを指摘したいのではない。他にも注意を喚起する役を果たす者はいる。特定のスティグマのある者が、法律を犯したり、賞を得たり、彼の同類中の第一人者となって自己の存在を顕示するたびごとに、地域社会の人たちはこれにゴシップに向けるような注意を向ける。こういう出来事は地域社会を超えた包括《ワイダー》社会のマス・メディアでもニューズ扱いされることがある。いずれにしても、著名になった人と同一のスティグマをもつ人たちは、突如としてすぐそばにいる常人たちに身近なものになり、彼ら自身の評判あるいは不評判がわずかながらではあるが増減するのである。かくして彼らとこの英雄、または悪党の世界との関係は、常人にせよそうでない人間にせよ彼と直接交際している人びと、すなわち彼の同類の一人がどのように事をすすめたかについてのニューズを彼に知らせる人びと、によって強調されるので、スティグマをもつ人たちをめぐる状況は、簡単に彼らをも同類中の有名になった英雄、または悪党の世界に住まわせることになるのである。

　私はスティグマのある人が何らかの支持を期待できるような一群の人びとを考察してきた。その一群の人びとは、彼と同一のスティグマをもち、そのスティグマによって定義され、自分自身を彼の同類と規定するような人びとであった。第二の一群は、——同性愛の人たちによってよく用いられた言葉を借用すると——〈事情通、わけしり〉(the wise)、すなわち正常であるが、このスティグマをもつ人びとの秘密の生活に内々に関与して、その生活に同情的で、さらにある程度〔彼らに〕受け容れられている、すなわち彼らの同類《クラン》の特別会員的存在である人びとである。事情通とは境界人(the marginal man)であって、スティグマをもつ人も彼らの前では萎縮しなくてもよく自制の要もない。それというのも、自分の欠点にもかかわらず、わけしりが自分を常人同様に見てくれていることを彼は知っているからである。売春婦の世界から一例をあげよう。

体面をせせら笑う様子をするが、売春婦、ことにコール・ガールは洗練された人びとの集まりに出ると、過度に敏感になる。ひまなときには、ボヘミアンの芸術家、作家、俳優、自称インテリのところに逃げ場を求める。そこでは彼女は好奇心の対象にならず、変わり者《オフ・ビート》として受け容れられるのである。[55]

特定のスティグマのある人たちの立場に立つようになる前に、事情通になる常人はまず回心ともいうべき個人的経験を経過しなくてはならない。それについては多くの文学的記録が残っている。[56] ところで同情を示す常人がスティグマのある人たちの役に立つようになった後にも、しばしば彼は特別会員として彼らが承認してくれるのを待たなくてはならない。自己が呈示されなければならないのはいうまでもないが、自己はまた〔相手に〕受け容れられなければならないのである。もちろんときには最終の歩み寄りが、常人の側から始められることがあるらしい。以下はその例である。

うまくできるかどうか分からないが、私にある出来事について話をさせて下さい。私は自分とほぼ同年輩の黒人の少年たちの仲間に入れてもらったことがあります。私は彼らとよく釣りに行きました。仲間になった最初のころ、彼らは私のいる前では用心深く〈ニグロ〉*という言葉を使っていました。私たちが釣りにいく回数が増えてくると、彼らは私の前でも冗談をいい合うようになってきて、互いに〈ニガー〉とよぶようになりました。初めのころ、〈黒ん坊《ニガー》〉という言葉がまったく使えなかったのに、ふざけ合うとき〈ニガー〉という言葉を使うようになると、はっきりした変化が生じたのです。

ある日、泳いでいると、一人の子がふざけ半分に背後から私を押しました。それで私は「ふざけんのはよせ《ニガー・トーク》。」といったんです。彼はにやっと白い歯を見せて「何だ、ててなし子《バスタード》。」といいました。

そのときからというもの、私たちは誰でも〈黒ん坊〉という言葉を使えるようになりました。しかしそのときまでなれ親しんだ秩序《カテゴリーズ》はまったく変わってしまいました。こだわりなしに、〈黒ん坊〉という言葉を私が使った直後、胃のあたりに感じた気分を、生きている限り私は決して忘れはしないだろうと思います。[57]

第一の型の事情通に、特定のスティグマのある人たちの要求に応じたり、こういう人びとに関して社会がとる措置を実施する施設で働いているときに、彼らを目撃する機会をもった人がある。たとえば看護婦とか医師たちは事情通である。彼らは肉体上の障害を軽減するために特定の補綴《ほてつ》装置〔義肢／義歯など〕の使用法を習得しなくてはならない当の患者よりも、補綴装置のことをよく知るようになる。〔ユダヤ人が経営する〕食料品店《デリカテッセン》の異教徒の従業員、同性愛者の集まるバーの正常なバーテンダー、ロンドンの高級住宅地メイフェアに住む売春婦の小間使いなども、通常事情通である。[58] たえず犯罪者たちと交渉をもたねばならない警察は、彼らの事情通となる。ある職業的犯罪者は、「実際、警察は他の犯罪者たちを別にして、われわれをあるがままに受け容れてくれる唯一のところだ。」とさえいっている。[59]

第二の型の事情通は、社会構造上スティグマのある人に関係をもっている人だ――この場合その関係のゆえに、〔当事者の外側の〕包括社会は双方を何らかの点で一つのものとして扱うことがある。たとえば精神疾患患者の貞実な配偶者、刑余者の娘、肢体不自由児の親、盲人の友、絞首刑執行人の家族は、[60] みな彼らが関係しているスティグマのある人の不面目をいくらか引き受けることを余儀なくされている。この運命に対処する一つの反応は、それを引き受け、スティグマに色づけられた関係の世界に生活することである。こういう仕方である程度のスティグマをもつに至った人びとは、彼ら自身、スティグマのある当の人たちよりはやや軽度のものをもつことになる。スティグマのある人びとが直面する問題は波及してはいくが、強度は弱まっていく。ある新聞の身上相談欄は一つの例を提供している。

アン・ランダース様〔新聞の身上相談欄担当者〕

私は十二才の少女です。私の父は刑余者なので、私はいろいろな社会活動ができません。

私は誰に対しても親切にし、仲良くしようとしますが、役に立ちません。学校の女の子たちはお母さんが私と遊ぶのを許してくれないといっています。遊ぶと悪い評判が立つからだそうです。父は新聞に悪く書かれました。刑期はつとめ終えたのですが、誰もそれを忘れていません。

どうしたらいいのでしょうか？　いつも独りでいるのはつまりませんし、とても淋しい。母はいろいろなところへ連れて行ってくれますが、私は同じ年頃の人たちと遊びたいのです。どうぞお教え下さい——のけもの[61]

一般に、スティグマが、それのある本人から、親しい者たちへと波及する傾向が存在する場合、このような親密な関係が回避されたり、終結されたりする理由を明らかにしている。

縁者のスティグマのためにスティグマをもつことになった人びと（the individual with a courtesy stigma）は〈常人化〉（normalization）のモデルになる。[62] このモデルは常人がスティグマのある人を、彼があたかもスティグマをもっていないかのように取り扱うにあたって、どの程度までそれができるかを示すものである。（常人化は〈正常を装うこと〉（normification）*と は区別されるべきである。〈正常を装うこと〉とはスティグマのある人が常人として自己を呈示する努力のことであり、その場合、必ずしも自己の欠点を隠すという意味はない。）さらに常人のスティグマ恐怖症《フォビア》的反応が、事情通のスティグマ庇護者《ファイル》的反応によって打ち消される場合などに、スティグマのある人びとを礼讃するというようなことも生ずる。ところで縁者のためにスティグマをもつことになった人は、実際、スティグマのある人たち、ならびに常人の双方に気づまりな思いをさせる。というのは彼らはつねに〈実際は〉彼ら自身に由来しない重荷を負う覚悟があるので、誰に対したときでも過度に倫理的だからである。またスティグマを無雑作に正面から見るべき中性的な事柄として扱い、自分たち自身ならびにスティグマのある者を常人の誤解に晒す。ところが常人の側ではこのような行動に攻撃性を読み込むことがあるのだ。[63]

スティグマのある人と彼の相手の関係も気づまりな関係になり得る。欠点のある人は、その種の欠点への反発はいつなんどき、〔とくに〕防衛が弱まり、依存が高まったときに、起こるか分からないと感じている。たとえばある売春婦はいう。

まず、そうすることがどういう結果を招くか考えてみたいわ。私は、もし結婚して、喧嘩をしたりすると、私の過去をひっぱりだすにきまってるって、説明したの。彼はそんなことはないっていったけど、男ってそういうものよ。[64]

他方、縁者のためにスティグマをもつことになった人は、彼の所属する縁者の集団に伴い易い多くの損失に悩まねばならず、しかもこういう扱いに対抗するときに一般的な防衛機制ともなる自己昂場感を享受することもできない。さらに彼に関係のあるスティグマのある人同様に、結局のところ、自分の縁者の集団《コーテシー・グループ》にも本当に〈受け容れ〉られているのか、ということが彼には疑わしくなるのである。[65]

精神的経歴《モラル・キャリア》

ある特定のスティグマをもつ人びとは、その窮状をめぐって類似の学習経験をもち、自己についての考え方の類似した変遷——個人的《パースナル》な調整の類似した方途を選択する原因とも結果ともなる類似の〈精神的経歴〉——をもつ傾向がある。（特定のスティグマをもつ人びとのカテゴリーの自然史は、スティグマ自体の自然史——ある特定の社会で、何らかの属性、たとえばアメリカの中流階層の上層における離婚が、スティグマとして扱われるようになった事情の起源、伝播、消滅の歴史とは区別されなくてはならない。）この社会化過程の一つの局面は、スティグマのある人が、常人の視角を学習し、自己のものとする過程であって、これを通して彼らは包括社会のアイデンティティに関する信憑と、何らかのスティグマをもつとはいかなることなのかということに関する一般的見解を習得する。他の局面は、彼が特定のスティグマをもち、そして今度はそれをもつことで招来される諸結果を詳細に知る過程なのである。これら二つの精神的経歴の初期的局面の生起するタイミングと両者の相互作用は重大なパターンを構成し、その後の発達の基礎となり、さらにスティグマのある人びとのとり得るさまざまの精神的経歴の違いを生み出す媒体となるのである。このようなパターンは四つあげることができる。

第一のパターンは生まれつきのスティグマをもつ人びとを含む。彼らは自分たちに不利な状況へと社会化するのであるが、その間にも彼らは自分らが満たすことのできない基準を学習し吸収しつづけるのである[66]。たとえば孤児は、子供は正常な場合は当然両親をもつものだということを学習しているが、同時に両親が不在とはどういうことなのかということも学習する。施設に生まれてから十六年間を過ごした後に、息子に対して父親はどうあるべきかを、自然に理解していると感ずることができるのである。

第二のパターンは、年少者たちの庇護膜として、家庭ならびにそれよりは低い程度ではあるが近隣社会がどのくらい有効かによりきまる。このような庇護膜のなかで、生まれつきスティグマのある児童を情報の管制《コントロール》という手段によって注意深く保護することができる。彼を卑小に描きだすいろいろな定義は、彼がそのなかで守られている聖域には届かない。しかし包括社会で通用している他のさまざまの考え方、すなわち庇護膜のなかにいる児童が、自分を年齢、性のような基礎的事項に関して、完全に一人前の普通の人間、すなわち正常のアイデンティティをもつ人間、として見られるようになる考え方には制限なしに近づく機会が与えられている。

庇護されている人間の生涯において、家族の者たちがもはや彼を庇護し得なくなる時点は、社会階層、居住場所、スティグマの種類などによって異なる。しかしいずれの場合にも、庇護し得ない事態が起きると、一種の精神的経験《モラル・エクスペリエンス》をすることになる。たとえば小学校入学はしばしばスティグマを自覚する機会と報告されている。この経験はよく入学第一目目に嘲笑、揶揄《からかい》、仲間はずれ、喧嘩という形で突如としてやって来る。[67] 興味深いことだが、児童の〈ハンディキャップ〉の程度に比例して、彼が自分と同類の者の集まる特殊学校に送られる傾向がつよく、また世間一般が彼について抱く見方にいっそう不意に直面しなければならなくなる。彼は、〈彼の同類〉と一緒にいれば気楽に過ごすことができると教えられる。かくして彼は自分が所属すると考えていた同類は偽りの同類であって、この見映えしない同類が自分の本当の同類だということを知るようになる。付言しなければならないことは、幼児期からスティグマをもつ人が、低学年時代をいくらかの幻想を残したままで何とか切り抜けたとしても、デートとか就職問題の到来が真実の瞬間をもたらすのが通例である。場合によっては、ただ偶然に真実の露呈される可能性が増大するに過ぎないということもある。

私が自分のおかれた状況を初めて実感し、その実感による手ひどい打撃を受けた日は非常に不意にやって来ました。その日、十代の初めの者たちばかりの仲間で、一日海岸に行ったのです。私は砂の上に寝ころんでいました。友だちはみんな私が眠っているものと思ったのでしょう。男の子の一人がいいました、「僕はドミニカが好きだ、けど目の見えない女の子とはデートするつもりはないな。」これほど完全に人を拒絶する偏見を、私は他に知りません。[68]

他の場合には、どちらかといえば順を踏んで真実が露呈されて行くといっていいようなところがある。ある脳性麻痺の犠牲者は次のようにいう。

たった一つの非常に苦痛な例外は別として、私が家庭生活とか、大学生活のスケジュールに従っていて、一人前の市民としての権利を行使しない限りでは、社会のさまざまの動きは思いやり深くて、穏やかでした。大学を出、大学院で経営学を専攻し、地域の事業計画にボランティア・ワーカーとしてさまざまなことをしているうちもよかったが、のちに就職しようとすると、その世界にある中世的な偏見とか迷信のためにしばしば壁に突き当ったのです。仕事を探すのは、射撃する一団の兵士の前に立つようなものでした。雇用主たちは私が求職するなんて厚かましいと驚いていました。[69]

第三の社会化のパターンの例は、人生半ばでスティグマをもつようになった人とか、あるいは、人生半ばで、それまでつねに信頼を失う可能性があったのだ、と気づいた人によって示される——前者は、過去の自分についての見解を極端に再編する必要はないが、後者は、再編の必要がある。このような人は、自分を障害がある者と見なくてはならなくなる以前に、充分常人とスティグマのある者について見聞する機会はもっていたのである。恐らく、彼は自分自身のアイデンティティを再認識するという特殊な問題と、自己を拒絶するようになるかも知れないという特殊な可能性をもつことになろう。

結腸を切除する前は、バスや地下鉄で何か匂いを嗅ぐと、私はへきえきしたものでした。この人たちはひどいもんだ、風呂に入らないんじゃないかとか、外出する前に風呂に入っておくべきだとか思ったものでした。彼らが食べたものが匂うんだとも思いました。ひどく閉口したものです。私には彼らがきたならしく、不潔に思えたのです。できるだけ早く席を替えたことはいうまでもありません。それができなければ、万止むを得ず我慢しました。ですから若い人たちは私が匂ったりすると、当然、同じように感ずるでしょうね。[70]

たしかに成人して初めて、自分がスティグマのある人びとの集団に所属するとか、あるいは、両親が彼らの上に影響を及ぼす道徳上の欠点をもっていることを発見する人たちの場合もあるが、普通、問題になるのは人生の途中で〈襲われる〉身体上のハンディキャップの場合である。

ところがある朝目を覚ますと、私は起き上がれないのに気づいた。私は小児麻痺に罹っていたのだった。小児麻痺とはそんなものなのだ。私は大きな暗い穴に落ちこんだ小さな子供みたいなものだった。私に確実に分かったことは、誰かに手伝ってもらわないことには、起き上がれないということだった。私は、二十四年間かかって受けた教育も、講義も、両親の教えも、今となっては何の役にも立たない人間になってしまったようだった。私は他の誰彼と同じ人間だった。平凡で、争い易く、陽気で、いろいろ夢をもっている人間だった。それが突然、この有様。何かが起きて私は異邦人になったようだった。私は自分が他の誰よりも自分自身にとってずっと不可解なものになっていた。私は夢のなかでさえ自分をどう扱ってよいのか分からなくなった。夢も私に何をさせてよいのか分からなかったのである――夢のなかでダンスに行ったりパーティに出たりすると、いつもおかしな条件や制限――誰もいわないし、語られもしないが、しかしやはりそこにある――があった。私は突如二重生活を送っている女性の混乱し切った精神的、情緒的葛藤をもったのである。それは非現実的なことであったし、また私を当惑させることだった。それなのに私はそれから離脱することができなくなっていた[71]。

こういう場合、医療という専門的職業は通常、病人に彼がどんな人間にならなければならないか、を知らせる特殊な仕事を受けもつことになる。

第四のパターンの例は、常人の社会の地理的境界の外側か内側かはともかく、最初同類以外の者の世界のなかで社会化し、後に周囲の人びとが真実で、妥当なものと感じている第二の生き方を習得しなくてはならなくなった人びとのそれである。
付言しなくてはならないのは、ある人が人生の半ばで自己が新たにスティグマをもつとき、彼が新しい同類に感ずる気まずさは、徐々に、昔の同類に対して感ずる気まずさにとって代わられるということである。スティグマをもつようになった以後の知己は、彼を単に欠点をもつ者と見ようが、スティグマをもつ以前の知己は、彼の昔の状態のイメージに固執して、如才なくしかも礼儀にかなった仕方でも、またこだわりのない完全な受容的態度でも彼を扱うことはできないだろう。

［自分の作品の将来の読者にインタヴューする盲目の著作家としての］私の仕事は、私が会う人びとを気楽にさせることにある——これは通常の場合とは逆である。奇妙なことに、私はまだ会ったことのない人びとにインタヴューするほうがずっと楽だということに気づいた。面識のない人たちの場合、仕事にかかる前に、ふれなくてはならないいろいろな想い出もなく、それらと現在との不愉快な対比をしなくてもよいからであろう。[72]

スティグマのある人の精神的経歴がどの一般的なパターンにあてはまるかとは無関係に、その期間にスティグマをもっていることを彼が身に沁みて分かるようになる経験の局面は、ことのほか興味深い。というのはこの期間に、彼は通常、他のスティグマのある人たちとの新しい関係に投げ込まれるからである。
場合によっては、個人が自分の同類との間にもつ唯一の接触は、これといった捉えどころのないものであるが、しかしそれでも彼自身のような人が他にもいるということを知るには充分である。

初めて、トミーが診療所にやって来たとき、そこに他に二人の少年が居合わせた。二人とも生まれつきどちらかの耳のない子供であった。トミーは彼らを見ると、右手をゆっくり自分の悪い耳にやった。それから目をまるくして父親のほうを向き、いった。「僕の耳みたいな耳してる子がいるよ。[73]」

つい最近、身体上のハンディキャップができた人の場合、障害を扱うのが彼よりずっとうまい同憂同苦の人たちが、彼を特別に何度となく訪れて、クラブでは彼を歓迎すると告げ、身体的に心理的に自分をどう扱うかを指導してくれるのが通例である。

調整の遣り方があるのだということに初めて気づいたのは、眼科耳鼻科診療所で出会った二人の仲間の患者を比較してみたときのことである。私がベッドにいるとき、彼らはよく私のところへやって来た。私は彼らをかなりよく知るようになった。二人とも盲目になってから七年もたっていた。彼らはほとんど同年で――三十歳をわずか過ぎていた――、大学教育を受けていた。[74]

スティグマをもつに至る経過が、刑務所とか、療養所とか、孤児院というような保護施設への入所に関係ある場合は、自分のスティグマについて得られる大半は、同憂同苦の人びとの仲間になっていく過程で、その人たちとの長い親密な接触をつづけるうちに、伝えられるものである。

上述のことにすでに示唆されているように、誰を自分自身の同類として受け容れなくてはならないかを初めて知ったとき、少なくともある程度の両価的感情を感ずるのが普通である。というのは、これらの人びとは明らかにスティグマをもち、〔以前の〕自分のように常人ではないばかりか、彼には自分に帰属させることはできないと思われるような他のさまざまな属性があるある。最終的には友愛の感情を抱こうものに、最初はおぞけを感じかねないのである。病院を出てライトハウス〔盲人の福祉推進機関〕へ直行した失明直後の少女が一つの例を示している。

盲導犬についての私の質問は、婉曲に斥けられた。別の目の見える人が私の手をひいて案内してくれた。点字図書館、教室、盲人の音楽グループ、演劇グループの人たちの集まるクラブ室、催事のあるときそこで盲人同士が組んで踊るレクリエーション室、盲人が一緒に遊ぶボーリング場、盲人が食事をするカフェテリア、盲人がモップや箒を作り、また敷物を織り、藤椅子を作って、自活するための収入を得ている大きな仕事場などへ行ってみた。部屋から部屋へ移動するとき、足をひきずる音、ひそひそ声、杖のタッタッという音を聞いた。ここは失明者の安全な隔離された世界——私がたった今までいたところとはまったく異質の世界——だ、とその福祉司は私にはっきりいった……。

私はこの世界の一員になるように期待されていた。今までの私の仕事を放棄して、モップを作るようにと。ライトハウスは私に喜んでモップの作り方を教えてくれるという。私はこれから一生を他の盲人たちと一緒に食べ、他の盲人たちと一緒にダンスをすることになるのだ。その有様が心に浮かんでくるにつれて、私はおぞましさを覚え、吐き気をもよおしてきた。私はこんな破壊的な隔離にそれまで一度も遭遇したことがなかったのである。[75]

自分のスティグマのカテゴリーに対する個人の所属感に組み込まれ《ビルト・イン》ている両価的感情がある場合、同類に対する支持、彼らとの同類意識《アイデンティフィケイション》、彼らへの関与に消長が生ずるのは理の当然である。すなわち〈帰属感の周期《アフィリエーション・サイクル》〉というべきものがあって、内集団《イン・グループ》への参加のための特別な機会を受け容れるようになったり、一度は受け容れたことがあっても、今度は類似の機会を拒絶するようになったりするのである。[76] それに呼応して、自己の所属集団の性質と常人の集団の性質についての信憑も消長する。たとえば青年期（と高校生の仲間集団）には所属集団との同類意識がきわだって縮小し、成人《ノーマルズ》との同類意識がきわだって増大する。[77] 個人の成人期における精神的経歴の諸相は、関与と信憑の右のような変転に認められるはずである。

以上のようなわけで、スティグマのある人が、自分の同類の形成するインフォーマルな共同体、ならびにフォーマルな組織体との間にもつ関係は、重大な意味をもっている。たとえばこの関係は、その特異性が、ごくわずかの新しい〈われわれ〉しか供給しない人びとと、たとえば少数者集団の成員のように長い伝統をもちよく組織された共同体――忠誠ならびに収入についてはっきりした要求をし、自分の傷病《イルネス》に誇りをもち、それを治そうとはしない者を構成員と定義している共同体――に所属する人びととの場合とでは大きな相違がある。スティグマのある人びとの集団が確固としたものにせよ、そうでないものにせよ、どちらにしても、スティグマのある個人の自然史と精神的経歴を論ずることが可能なのは、主としてこの種の同類《オウン》集団との関係においてなのである。

彼自身の精神的経歴をふり返ってみて、スティグマのある人は、同類の者たち、および常人に関して彼が現在もっているもろもろの信憑ならびに実生活上の態度を、彼がとるに至った理由になると思われる経験をとくに強調したり、回顧して粉飾したりすることがある。このようなわけで、人生の一つの出来事が精神的経歴に二重の意味をもつことになる。第一は、実際の転回点となる直接的客観的理由としての意味であり、第二は（この方が示しやすいのだが）、現在とられている立場を説明する手段としての意味である。この第二の目的のためによく選ばれることに、新たにスティグマをもつに至った人が、同類集団中の十全の成員はまったく常人と変わるところがない、ということを知るように至った経験というのがある。

私［売春婦の生活に入るため娼家の女主人に初めて会った若い女性］の勇気は四番街の曲り角を曲るとふたたびくじけた。ひきあげようとした矢先、マミーが道の向う側のレストランから出て来て温かく私を迎えてくれた。私たちの押したベルに答えて戸口に出て来た玄関番が「ミス・ローラはお部屋です。」といい、私たちを招じ入れた。そこには顔立ちの整った中年の婦人がいた。彼女は私が想像していたような恐ろしい人間とは似ても似つかない人だった。彼女は私にやわらかい品のよい声で挨拶した。彼女のもつ雰囲気は、彼女が豊かな母性的な人だということを雄弁に物語っていたので、私はそのあたりに子供はいないのかと見廻した。子供が何人か彼女のスカートにまつわりついていても当然という気がしたのである。[78]

別の例は、同性愛者が初めて同性愛に踏み切ったときの模様によって示されている。

私は昔学校で一緒だったことのある男に出会った……彼はもちろんゲイで、私も当然ゲイのはずだという態度であった。私は驚き、強烈な印象を受けた。彼は同性愛者の通念にあてはまるようには少しも見えなかったのである。逞しく、男性的で、きちんとした身なりをしていた。彼らがこういう様子をしているなどということは、私には考え及ばなかったのだ。愛が男性同士の間にも成立することを、認める用意は十分あったが、私がそれまで出会った一見して同性愛者と分かる者たちには、いつも少し反撥を感じていたのである。彼らが見栄っぱりで、気どっていて、おしゃべりなのが気にいらなかったのだ。ところがこれらのことはもっとも目立つ部分ではあるが、同性愛の世界のほんのわずかの部分に過ぎないことが分かったのである……[79]

ある肢体不自由の人も類似のことを書いている。

　私がどうしても、この［自我像という］問題の重要さを最後に私に納得させ、自分のアイデンティティ確立の戦いをつづけなくてはならなくなった一群の経験を選びださなくてはならないとしたら、肢体不自由の者でも肉体的ハンディキャップ以外の特質を、自己のアイデンティティとして一向差し支えないということを、心底、私に気づかせてくれたいくつかの出来事をあげるべきだろう。私は、肢体不自由の人間が他の人たちと同様、美しくも、魅力的でも、醜くも、愛らしくも、愚かしくも、才気にあふれていることも、つまり他の常人と同様、いかようにもあり得るのだ、とやっと分かったのである。私はハンディキャップとは関係なく、肢体不自由の者を憎んだり、愛したりすることができるということを、発見したのである。[80]

付言したいのは、自分とスティグマを共有する人びとも他の誰彼と同じ人間なのだ、という発見を回顧することで、スティグマ所有者は、（すでにそのときまでに彼が自分同様完全に一人前の人間と見るようになっている）同類を、自分がスティグマをもつ以前の友人たちが、どこか人間ばなれしたところ（un-humanness）があると見ても、耐えることもできるということだ。たとえばあるサーカスで働いている少女は自分の経験を顧みて、彼女はまず仲間を変だとは考えなくなり、ついでサーカスの仲間と一緒にバスで旅をしなくてはならないのを気味悪がっているのはサーカスに入る前の友だちなんだ、と見ることができるようになった〔と書いている〕。[81]

もう一つの転回点は――経験した当初から転回点と了解していたというわけではないにしても、回顧的視点で――隔離される経験、能力を失った経験（多くの場合入院するとき）である。その経験はあとになってから、自分の問題を徹底的に考え、自分自身を知り、自分をとりまく状況を分析し、人生において何が大事か、求める価値のあるものは何か、について新しい理解に達することができた時として見られるようになる。

回顧的視点から転回点と確認される個人的経験ばかりでなく、身近な人びとの経験もこれと同様な仕方で用いられ得る、ということである。たとえば所属集団について書かれたものを読んでも、それだけで一つの経験が与えられ、その経験は〔古い経験を〕再編すると感じられ、またそれが求められてもいるのである。

『アンクル・トムの小屋』を奴隷制の公正な信頼してよい鳥瞰図といっても、あまりいい過ぎたことにはなるまいと思う。それはともかくその本は私の目をあけ、私が誰であり、何であるのか、私の国が私をどう考えているのか、を示してくれた。事実、その本は私に私の意味を与えてくれたのである。[82]

II　情報制御と個人的アイデンティティ

すでに信頼を失った者と信頼を失う事情のある者

個人の対他的な社会的アイデンティティと即自的なそれとの間に何らかの乖離がある場合、われわれ常人が彼と接触をもつ以前にこの乖離があるという事実がわれわれに知らされているか、あるいは彼がわれわれの面前に現われるとただちに判然とするかのいずれかである。〔この場合〕彼はすでに信頼を失った人間であり、私が今まで取り扱ってきたのは主としてそのような人間である。すでに指摘したように、われわれは普通彼が信頼を失う事情にあからさまに視線を向けることはない。しかしこの注意をそらすという配慮が働いてる間に、〔状況への〕参加者たちすべてにとって、ことにスティグマのある者にとって、状況は緊迫し、不安定になり、多義的になることがある。

スティグマのある人が、あたかも彼のもつ周知の特異性が〔状況に〕無関係で、視線を向けられていないかのように振舞って、常人たちに協調するのも、このような人が生きて行く上でとりうる一つの主要な可能的態度である。しかし彼の特異性がただちに顕《あら》わにならず、またあらかじめ人に知られてもいない（あるいは少なくとも他人に知られていることを当人が気づいていない）場合、すなわち信頼をまだ失ってはいないが、信頼を失う事情をもっている人である場合、彼が生きて行く上でとりうる第二の可能的態度が見出されることになる。この問題は、社会的接触過程で生ずる緊張をどう管理／操作するか、ということではない。むしろ自分の欠点に関する情報をどう管理／操作するかという問題である。すなわち他人に示すべきか否か、告知すべきか否か、真相を顕わにすべきか否か、偽るべきか否か、というような問題である。さらにいずれの場合にも、誰に、どのように、いつ、どこでという問題を伴っている。たとえば精神疾患者が入院中の場合、または成人した家族の者たちと一緒にいる場合は、彼に正常さがほとんどないのかも知れないときでも、狂気ではないのではないかということが多少でも考えられるならば、彼は正常であるかのようにさりげなく扱われるという状況に直面する。あるいは〔彼がほとんど狂気ではないのに、正常ではないのではないかということが多少でも考えられるならば〕、不当だと彼が考えても、彼は狂気と扱われる。しかし精神疾患の病歴をもつ者にとって、問題はまったく別である。彼にとって問題となるのは、今すぐに自分に不利な偏見に直面しなくてはならないというようなことではなく、精神疾患に偏見を抱いている人たちも現在のところは病歴を知らずに受け容れているが、将来いつか彼らに病歴が知られることもあり得る、ということなのである。どこへ行っても、彼の行動は常人《アザー》たちを欺いて、仲間になっているのは彼らが実際求めている者である、と偽りの保証を与える可能性をもつ。しかし常人たちは自分たち同様の精神的に欠点のない人を得たのではないことにいつか気づくに至るだろう。意図的に、あるいは結果的《イン・エフェクト》に、精神疾患の病歴のある人が自分の本当の社会的アイデンティティについての情報を隠して、自分をめぐるいろいろな偽りの仮定に基づいた処遇を人からは受け、自分でもこれを許容する。私がこの覚書で焦点を合わせているのは、この第二の一般的問題、すなわちまだ暴露されていないが〔暴露されれば〕信頼を失うことになる自己についての情報の管理／操作、簡単にいえば、〈パッシング〉（passing）である。信頼を得る事情を隠すこと——逆方向へのパッシング——ももちろん起り得る。しかしこれは当面の問題ではない。[1]

社会的情報

スティグマを研究する際にきわめて重要な意味をもつ情報はいくつかの特質をもっている。それは特定の個人についての情報であり、これは彼がそのときどきにもつ気分、感情、意図とは違って、多少とも恒常的な性質についての情報である。[2] この種の情報とそれが伝達される媒体となる記号《サイン》はともに自己回帰的具体的である。すなわち、この種の情報はそれに直接関係のある当の人がこれを搬《はこ》んでおり、しかも表出を受信している相手をすぐ前にして、肉体的表出を介して伝達されている。私はこれらの特質のすべてをもつ情報をここでは〈社会的〉とよびたいと思う。社会的情報を伝達する記号のなかのあるものは、頻繁に着実に入手可能であり、つねにきまった仕方で求められたり、受信されたりする。これらの記号は〈シンボル〉とよんでもよかろう。

特定のシンボルによって伝達される社会的情報は、他の記号が個人についてわれわれに告示することを確認させるに過ぎず、それは念入りな仕方で明瞭に彼についてのわれわれのイメージを充実するのである。社交クラブの会員であることを示す衿章がその例である。また場面によっては男性の結婚指輪もそうである。しかしながら何らかのシンボルによって伝達される社会的情報は、〔その所持者の〕世評*(prestige)、名誉、あるいは社会的に望ましい階層的位置との関係——すなわち他の仕方では呈示され得ないか、たとえ他の仕方で呈示されたとしても、自動的には承認されない要請——を立証していることがある。この種の記号を一般には〈身分のシンボル〉といっているが、〈世評のシンボル〉という術語のほうが、いっそう正確であろう。というのは何らかの充分組織された社会的位置を指示対象とする場合に、〈身分のシンボル〉という術語がいっそう適切であるからである。世評のシンボルは、スティグマのシンボルと対照的である。スティグマのシンボルとは、アイデンティティを損《そこ》ない貶《おとし》めるような不整合、つまりそれがなければ整合した全体像となるものにひびをいれるような異常、に注意を惹きつけるようにとくにつよく働き、その結果その個人に対してわれわれが低い評価を与えることになるような記号のことである。第二次世界大戦中に敵国〔ナチス・ドイツ〕に協力した〔フランスの〕女性たちの剃られた頭がその一例なら、中流階層のように振舞いそのような衣裳を身につけた人が繰返し言葉を不正確に使い、たえず間違った発音をするときの常習的語法違反もまたその例である。

世評のシンボル、スティグマのシンボルの他に、さらにもう一種あると思われる。すなわち――事実上あるいは仮定上――その記号がなければ整合的な全体像となるものに（この場合は行為者が希望するプラスの方向で）ひびを入れることになるが、対他的な要請の妥当性にきびしい疑問を投げかけるほどのものではなく、新規の資格／条件を成立させるような記号がそれである。私はこれをアイデンティティを混乱させるもの（disidentifiers）とよぼう。一例をあげると、南部を訪れた北部の教育のある黒人の〈立派な英語〉である。[3] もう一つ別の例をあげると、都市に住む下層の黒人がつけているターバンと口ひげである。[4] 文盲についてのある研究がさらに別の例を示している。

以上のようなわけで、目的への志向が明白でかつ妥協を許さぬ類のもの《インパラティヴ》で、しかも文盲と定義されることは目的の達成にとって障害になる確率が高いと、文盲の者は教育ある者として〈越境《パス》〉できるようになろうと努力するのが通常である。研究対象となった人びとの間で太い角型の枠に素通しのレンズ〈いわゆる〈ポップ・メガネ〉〉が人気があったのは、実業家、教師、若いインテリ、ことに一流のジャズ演奏家のステレオタイプをまねる努力と見てよいだろう。[5]

ニューヨークで放浪生活のいろいろな手だて《アート》を専門に研究している人が、さらに別の例を提供している。

午後七時半以後、グランドセントラル駅かペンシルヴァニア駅のいずれかで本を読もうと思ったら角型のメガネをかけるか、きわだって裕福に見えるようにしなければ駄目である。そうでもなければ、監視されることになるのがおちである。ところが新聞を読んでいる人は誰の注意も惹かない。ひどくくたびれた服装の放浪者でも、新聞を読みつづける限り、面倒に巻き込まれずにグランドセントラル駅で一晩を過ごすことができるのである。[6]

以上世評のシンボル、スティグマのシンボル、アイデンティティを混乱させるものについて述べたが、そこではきまりきった形で社会的情報を伝達する記号が考察されたことに注意していただきたい。これらのシンボルは情報媒体として制度化されてはいないその場かぎりの記号とは区別されなくてはならない。その場かぎりの記号が世評を高めるならば、それを得点《ポイント》とよび、その暗々の要求が斥けられたときは、失点《スリップ》というのが適当だろう。

社会的情報を伝達する記号のあるものは、さしあたって〈情報機能以外の〉他の理由で存在しているので情報機能としては表層的なものに過ぎない。スティグマのシンボルのなかには、そういう例がいくつかある。たとえば自殺企図を顕わにしている手首の傷痕、麻薬依存症者の腕の注射痕、移送中の犯罪者の手錠された手首[7]、女性の眼のまわりの〈殴打の痕跡を示す〉黒いあざなどがそれである。ある売春婦問題の専門家は、次のような例をあげている。

「[彼女が現在いる刑務所の]外では、そりゃきびしいわ。あんたどんなかよく知ってるでしょ。警官《ロー》は派出な様子《なり》をした娘《チック》が何をしようとしているかよくお見通しでさ。刑事《デカ》にも出くわすわ、生きてるんだから。そうすりゃ私たちはつけまわされるのよ。そいで狩り込み《バン》！ 逮捕[8]。」

他のいろいろな記号はただ社会的情報を伝達するという目的で考案されたものである。たとえば軍隊の位階を示す徽章がそれである。付言しておかなくてはならないことは、ある記号の基底の意味が時が経つにつれて磨滅し、極端な場合わずかに痕跡をとどめる程度になってしまうことがあり、そうなってもその記号のもつ情報機能は従来と変わらずに重要であり、ときには以前より重要さが増すこともある、ということだ。さらに情報以外の目的を示すように見える記号が、それがとにかく情報として機能し得ることから、ときに前以って考えられた悪意から作られることもある。たとえば決闘の傷が注意深く計画的につけられるような場合である。

社会的情報を伝達する記号は、それが生得的であるか否かによって、またもし生得的でなければ一度使われた場合、それらが当人の永続的な部分になるか否かによって、相違を生ずる。（肌の色は生得的であり、烙印とか肢体の切断は永続的ではあるが生得的ではない。囚人の剃られた頭は生得的でもなければ、永続的でもない。）右のことより重要なことは、社会的情報を伝達するためにのみ使用されている非永続的記号は、その社会的情報を搬んでいる人間の意志に反して使用される場合もあるし、また使用されない場合もある。使用される場合は、それらの記号はスティグマのシンボルであることが多い。[9] のちに自分の意志で使用されるスティグマのシンボルを考察することが必要になろう。

一つの集団にとってある特定の意味をもつ記号が、他の集団にとっては別の意味をもつことがある。というのは同一のカテゴリーが同じ記号で指示されても、異なった仕方で性格づけられることがあるのである。たとえば刑務所当局が逃亡し易い囚人につけるように要求する肩布は[10]、看守にとっては一つのこと、すなわち普通はマイナスの意味をもつようになるが、囚人仲間ではそれをつけることが当人の誇りの表示になる。軍服はある者たちには矜持《きょうじ》の徴であり、あらゆる機会に着用すべきものであろうが、他の軍人にとっては週末の休暇は自分の好み通りにできるときであり、平服を着用し普通の市民として過ごすことができるときである。同様に、

〈下級兵士〉が賜暇中制服を着用する規則を特権とするように、町で学校の制帽をかぶる規則を、子供によっては特権と見るだろうが、制帽がもっている社会的情報を、授業をはなれ学外にあるときも彼らに制約を加え、規律に確実に従わせるための手段と感ずる着用者もいるのである。[11] 十九世紀のカリフォルニアでは、中国人の弁髪の有無は西欧人にとっては西欧文化への同化の程度を示すものであった。しかし仲間の中国人にとっては、体面上の問題——それも断髪が義務づけられていた刑務所で刑期を務めて来たのではないか否か、という体面上の問題であったのである。したがって弁髪を切ることはしばらくの間非常につよく反対されたのであった。[12]

　社会的情報を伝達するさまざまの記号は当然その信頼性の程度を異にする。頬とか鼻に拡がった毛細血管は、ときに、字句が表現している以上のことを含意する意味をもつ〈静脈血斑〉(venous stigmata) という言葉でよばれるが、過度の飲酒を示すものであり得るとされ、また実際にそうとられている〔venous《ヴィーナス》「静脈の」とvinous《ヴァイナス》「ぶどう酒の」の地口、「静脈の斑点《しるし》」は「酒飲みの斑点《しるし》」ということ〕。しかし酒を一滴もたしなまない人たちでも、他の生理的理由から、同一徴候《シンボル》を示すことがありうる。そのような人たちは疑いをかけられるが、その疑いは不当なものである。ところが彼らはともかくそれに対処しなくてはならないのである。

　最後に社会的情報について、ふれなくてはならないことがもう一点ある。それはわれわれの社会において〈一緒に《ウィズ》〉という関係がもつ情報機能的性質である。誰かと〈一緒に〉いることは、その誰かと同伴して何らかの社会的機会に遭遇すること、彼と街を歩くこと、彼と連れ立ってレストランに行くこと、などである。問題となる点は、事情によっては個人が一緒にいる仲間の社会的アイデンティティが、彼自身の社会的アイデンティティについての情報源として利用できるということである。というのはこの場合に彼の素性は〔一緒にいる〕他の者たちの素性と同じという仮定が働くからである。恐らく、極端な場合は犯罪者の仲間《サークル》に入っているという状況であろう。逮捕状の出ている者は、彼と一緒のところを見られた者たちの誰彼を法的な意味で汚染し、彼らも容疑者として逮捕されることになる。(逮捕状の出ている者が〈疱瘡《ほうそう》に罹っている〉といわれるのはそのためであり、また彼の犯罪という病気は〈伝染する〉といわれるのである。[13])いずれにせよ、人びとが自分自身の身につけている情報を、どのように処理するかを分析する場合、誰か特別の者と〈一緒に〉いるところを見られたという偶発的与件(contingency)に、当事者がどのように対処するかを考察しなければならない。

可視性

伝統的にパッシングという問題は、特定のスティグマの〈可視性〉(visibility)という問題を提出して来た。すなわち、ある人がスティグマをもっていることを〔他人に〕告知する手がかりがスティグマそのものにどの程度備わっているか、という問題である。たとえば精神疾患の病歴のある者、近々に未婚の父親になろうという者は、彼らの弱点がすぐに人目につかないという点で類似している。ところが盲人は一目で分かる。当然のことながら可視性は重要な因子である。個人の日常の行動半径内（daily round）のあらゆる時点の彼の社会的アイデンティティについて明らかなこと、またその範囲内で彼が出会うすべての人の知っていることは、彼にとっても非常に重要なことである。世間一般に向けて必要に迫られて行なわれる自己の呈示の帰結は、それぞれの接触場面では大したことはないが、接触するごとにいくらかずつのものが残ると、集積されたときには大変な量になろう。さらに、彼に関して常時入手できる情報は、彼のもっているスティグマの性質にかかわりなく、そのスティグマをどういう仕方で取り扱うかを決定するときに、彼が準拠点にしなくてはならない基盤なのである。したがって人が自己を呈示するときには、いつでも、どこででも、従わねばならない仕方を変更することは、右のような理由から人の運命にかかわることなのである——このことこそ、恐らくは、何にもましてギリシア人にスティグマということを考えさせたものであろう。

他人のスティグマが明らかになるのはごく普通には視覚を通してなので、可視性という術語は、恐らく、それほど誤解を生ずることはあるまい。実際、〈知覚の容易さ〉（perceptibility）というより一般的な言葉のほうがいっそう正確であろうし、〈瞭然性《りょうぜん》〉（evidentness）のほうがなおいっそう正確であろう。吃音は要するによく〈視える〉障害（a very "visible" defect）であるが、最初は音から障害が知れるのであって、外見からではない。それにしても可視性という概念がこの修正された意味でも充分間違いなく使用できるようにするには、その前に、可視性とよく混同される他の三つの概念を区別しておく必要がある。

第一に、スティグマの可視性は〈〜のことが知られていること〉(known-about-ness)とは区別されなくてはならない。ある人のスティグマがよく見えるとき、ただ他人と接触するだけで彼のスティグマは〔他人に〕知られるところとなろう。しかし他人が彼のスティグマについて知っているかどうかは、それが現に見えるという以外にもう一つ別の要因、すなわち彼らが彼について予備知識をもっているかどうかということにもよるのである——この知識は、彼に関するゴシップに基づくこともあろうし、彼と以前に交渉の機会をもち、そのとき彼のスティグマを見た経験に基づくこともあり得る。

第二に、可視性はスティグマの特殊な基盤の一つであるもの、すなわち目立つこと(obtrusiveness)とは区別されなくてはならない。スティグマがただちに知覚されても、そのスティグマが相互作用の流れをどの程度阻害するかという問題が残る。たとえば仕事上の会合で、車椅子に乗っている参加者が、車椅子に乗っているということは誰の目にもはっきり映る。しかし会議のテーブルを囲んでいると彼の傷害が比較的目立たずにすむことがある。ところが発音上の障害をもつ参加者(こういう人は多くの点で車椅子に坐っている人よりも、むしろハンディキャップが少ない)は、口を開けば必ず彼の障害についてそれまで意識的に作り出されていたのかもしれない無関心を破らずにはいないのである。そして以後、彼が発言するたびごとに人びとに気づまりを感じさせ続けるであろう。口頭による交渉の仕組（mechanics）はたえず注意を障害に向けさせ、〔話者が〕たえず間違えずにはいられない話《メッセージ》を明瞭で速やかなものにしてもらいたい、という要求をもちつづけさせることになるのである。付言したいことは、同一の欠点が違った形で表出され、表出のたびごとに違った程度に目立つということである。たとえば、白い杖をもった盲人は、彼が盲目だというきわめてよく見える証拠を与えている。しかしこの白い杖というスティグマのシンボルは、一度は注目されても、ときにそれが表示しているもの〔盲目〕ともども、人の注意を惹かなくなることがある。ところがこれに反して盲人が顔を相手の目に向けそこなうことは、意思疎通のエチケットに繰返し違反することになり、口頭による相互交渉のフィードバックの仕組を再三攪乱することになるのである。

　第三に、スティグマの可視性は（それが目立つことはいうまでもないが）、その〈注目の焦点〉ともいうべきもののもついくつかの可能性とは区別されなくてはならない。われわれ常人は客観的な根拠の有無にかかわりなく、特定のスティグマがその所有者から奪う生活上の活動の領域についていろいろな考え方を発展させている。たとえばひどい傷痕は社会的場面の〔成立している〕間、最初から最大の影響力をもっているので、ひどい傷痕のある人と一緒にいる場合、その傷痕がなければ得られるはずの愉しみを失うことがある。しかしわれわれが気づいていることは、彼の傷痕という条件は独り仕事の場合には彼の能力には何ら影響するところはないはずだということである。しかしわれわれが彼を見るとき抱く感情的理由だけで、彼を差別することがあることはいうまでもない。つまりひどい傷痕は社会的場面で焦点が合わされるスティグマなのである。他のスティグマ、たとえば糖尿病[14]は対面的相互交渉における個人の資格に最初から影響を及ぼすようなことはない。そのようなスティグマは仕事上の配置といったような問題を考えるとき、初めて差別の対象になるのであって、対面的相互交渉に対しては、たとえばそのスティグマのある人が自分の異常を隠しておこうと試みたことがあったかもしれないとか、また隠しておけるか否かについて彼が不安に思っているとかいう場合、さらにまたそこに居合わせる人たちが彼の状態を知っていて、それにふれないように苦心しているという場合以外に、直接影響を及ぼすことはないのである。焦点ということに関しては、他のスティグマはこれらの両極端の中間にあって、知覚されると、人間生活の多様な分野で交渉の初期に広汎な影響を与えるのである。たとえば脳性麻痺の人は対面的意思疎通に際して、重荷と見られるばかりではなく、独りで仕事をさせても問題がある、という気持を人に抱かせるのである。

したがって可視性という問題は、別のいくつかの問題点、すなわち〔欠点のある〕属性が熟知されていること、目立つこと、注目の焦点などとは区別されなくてはならないのである。以上の考察ではまだ、どこかで世間一般が見ているという暗黙に自明とされている前提が検討されないままである。しかし後に明らかにするように、アイデンティティを暴露する専門家が〔その場に〕居合わせ、訓練を受けている彼は、素人たちが見逃すものをただちに感知するという場合もあろう。医師は、角膜にうす赤いしみがある、乱杭歯の者を路上で見かけると、明らかにハッチンスン症候群の中の二つを示し、恐らくは梅毒に罹っている人だと見破る。しかしながら、そこに居合わせても医学的知識のない者たちは何らの悪疾をも認め得ない。したがって一般に観察者《オーディエンス》の記号解読能力が詳細に画定されなくては、可視性の程度を論ずるわけにはいかないのである。

個人的アイデンティティ

信頼を失う事情のある人間のおかれている状況、およびその事情の秘匿と露顕の問題を体系的に考える前に、まず必要なことは社会的情報と可視性の性質を検討しておくことであった。ところで論を進めるに先立って、もう一つの要因、すなわちアイデンティティの同定という要因を、心理学的な意味ではなく、犯罪学的な意味で研究する、それも相当綿密にすることが必要であろう。

これまでのところ、スティグマのある者と常人の社会的相互交渉の分析は、両者の接触を余儀なくされた者たちが、相互交渉の開始に先立って、相互に〈個人的に〉《パースナリー》知り合っている、ということを前提しないでもよかった。これは充分理のあることに思われる。スティグマの管理／操作は社会において基礎的なもの、すなわち行動とか性格に関する標準的《ノーマティブ》‐基準的期待という紋切り型《ステレオタイプ》的分類、あるいは、〈プロファイル作成〉から、派生した問題である。紋切り型的分類は、従来《クラシカリー》は顧客、東洋人、ドライバーのような非常に大雑把に分類《カテゴリー》された人びととか、われわれにとっては未知の行きずりの人びとに関してよく用いられている。

未知の人びととの間の素気ない交渉では紋切り型の反応がごく普通であるが、人びとが相互に親密になると、この十把一《カテゴリック》からげという交際法は後退し、次第に同情、理解、その人固有の性質に即した《リアリスティック》考量がそれにとって代わる。[15] 顔のひどい欠点のような難点があると未知の人には敬遠されようが、親密な人びととの間でならこのようなものがあっても敬遠されるようなことは恐らくあるまい。したがってスティグマの管理／操作が問題になる範囲《エリア》は、主に未知の人びととかちょっと知っているという程度の人びとの間の接触、つまり公共の場所での生活《パブリック・ライフ》に関係がある、すなわち一方の極に親密さをおく連続体の他方の極に関係があると見ることもできるだろう。

このような連続体という考え方は明らかに何ほどかの妥当性をもっている。すでに示したように、たとえば身体的なハンディキャップのある人は、未知の人を扱う術《すべ》に加えて、彼らが〈相互交渉の〉初期に受ける相手の如才ない応対や打ち解けない態度を乗り越えていく特殊な術を開発する。すなわち彼らの欠点が実際上もはや重大なものではなくなってしまうようなきわめて〈親密な《パースナル》〉次元に移行しようと彼らは努める——これはフレッド・デイヴィスが〈突破《ブレイキング・スルー》〉[16]とよんでいる根気のいる過程にほかならない。さらに身体的なスティグマをもつ人びとの報告するところによれば、彼らが繰返し交渉をもつ常人は、彼らの障害《ディスアビリティ》を敬遠するようなことは次第になくなってくる。かくて、何か常人化（normalization）の日常化《デイリー・ラウンド》といったことが始まることが期待される。ある盲人の日常《ラウンド》を例示してみよう。

現在では昔からのなじみのような落着きで私を迎えてくれる床屋もできました。それに、何か起きるんじゃないかという気遣いなしに入れるホテルも、レストランも、公共施設も。数こそ少ないが、今では私が犬をつれて乗り込むと、お早う、と声をかけてくれるトロリーや、バスの運転手もいます。また私の知っている何人かのウェイターは、昔と変わらない態度で私に給仕してくれます。いうまでもありませんが、身近な家族の者たちは、ずい分以前から不必要にあれこれと私のことを気遣わなくなりました。親しい友人たちもほとんどがそうです。この程度に私は世間に分かってもらうのに成功したわけです。[17]

右と同様の庇護はあらゆる種類《カテゴリー》のスティグマをもつ人びとにも生ずると考えられる。精神病院のすぐ近所に見受けられる商店は、精神疾患者の行動に対しては相当程度に寛容さを示すようになるだろう。病院の周辺の人たちは、植皮術を行なっているさいちゅうで、顔が見苦しくなっている人たちを平静に扱う能力をもつようになる。また盲導犬訓練所のある町の人びとは、訓練中の盲人が訓練士につけられた引具《ハーネス》をもって盲導犬に周期的にかけるはげましの言葉を

〔犬の代わりに引具をつけて彼を指導している〕訓練士にかけているのを、とくに珍しいことでもないように受けとるようになる。[18]

　スティグマに関する日常的信憑と親近感を立証する右のような証拠があるにもかかわらず、親近感が必ずしも見下すような態度を解消するものではない、ということを明らかにしておく必要がある。[19] たとえば集団に帰属《トライバリー》されるスティグマが付与されている人びとの居住区域に近接して生活している多数派《ノーマルズ》は、ごく手軽な仕方で偏見を維持しつづけるようにはかるのである。しかしここで以上のことより重大なのは、ある特定個人についてわれわれのうちで実際に働いている無意識の自明的前提《アサンプション》から帰結するすべてのことが、長期にわたって親密にしていて他の人には容喙《ようかい》させないような関係にある人びとの間の交渉にも、明らかに現われてくるという点が認められることだ。われわれの社会では、ある女性を特定の男性の妻として語ることは、この女性を現在のところ成員が唯一人しかいないカテゴリー〔それでも一つのカテゴリーであり、彼女はそのカテゴリーの唯一人の成員である〕に位置づけることである。その一つ一つが他にかけがえのない、歴史的に輻輳した事情が、この特定の女性に対するわれわれの関係の周辺を色どることになろう。しかしそれにしてもなおその中心部には、〈妻〉というカテゴリーの一個体としての彼女の行為、性質に関してわれわれがもつ社会的に標準《スタンダード》的な期待がある。たとえば彼女は家事を見、夫の友人をもてなし、子供を生むであろう、というようなことである。彼女は良妻であるかも知れないし、悪妻であるかも知れない。このことは標準的期待、すなわちわれわれの社会《グループ》の他の夫たちが彼らの妻についてもっている期待との相対的関係によってきまる。（結婚が個別的各自的関係《パティキュラリスティック》だというのは改めて断るまでもないことである。）以上のようなわけで、未知の人と交渉をもとうと、親密な人と交渉をもとうと、この交渉関係には社会の指先が無遠慮にふれていて、このようなところにさえわれわれは〔社会的に規定された〕場所に押し込められていることを、認めるのである。

たしかに、特定の個人のスティグマに、肩を貸したり、気転を利かしたり、配慮する必要のない人びとのほうが、ただ苦労したことがないというだけの理由でスティグマのある人と四六時中交渉せざるを得ない人びとよりも、彼を受け容れ易いというような場合がままある。

すでに信頼を失った人びとから信頼を失う事情のある人びとに考察を転ずると、スティグマをもつ者はそのスティグマのために、未知の人びとにはもちろん、親密な人びとにさえ敬遠されるという多くの証拠が認められる。一つには、ある人にとって親密な人びとこそ、彼が恥じていることを隠そうと一番腐心している当の相手であることがあるからである。同性愛の人びとのおかれている状況が一つの例を提供している。

同性愛の者が、自分の逸脱行為は病気ではない、と主張するのはよくあることであるが、注意するに値するのは、もし彼が仮に誰かに相談するとしたなら、一般に誰よりも医師である場合が多い。しかしその医師が彼のかかりつけの医師《ホーム・ドクター》であるようなことはまず考えられない。同性愛《コンタクト》の人びとの多くは、家族に自分の同性愛を何とか隠そうと気づかっていた。公共の場所でかなりあけっぴろげに振舞っている者たちでも、家族には疑念を抱かせないように充分な注意を払っているのである。[20]

さらに、家庭で片方の親が他方の親の暗い秘密を知っているとか、またその責任を共有しているような場合、子供たちはその秘密を洩らすには不適当であるばかりでなく、また感じ易いので、それを知ればひどく傷つくと考えられている。一つの例をあげると精神病院に入院したことのある親の場合がそれである。

小さな子供たちに父親の病気について話すとき、ほとんど全部の母親はまず隠しつづけようとする。子供は（何も説明は加えられないで）父親が病院にいるとか、あるいは肉体上の病気（歯が痛む、脚が悪い、腹痛である、頭痛がするなど）で病院にいると聞かされる。[21]

「私［精神疾患者の妻］はいつもおちおちしていられません――まったくはらはらしています――誰かが子供のジムにあのことを打ち明けやしないかと思って。[22]」

以上の他に、簡単に隠すことができるので、未知の人びとに対する関係にも、ちょっとした程度の知人に対する関係にもほとんど影響を及ぼさないようなスティグマがいくつかある。それらは主として親密な間柄の者たちにしか影響を与えない。たとえば、不感症、性的不能、不妊症などはその好例である。アルコール依存症の男でも結婚生活を始めるにあたって、結婚する資格のない者として扱われる様子がない、という事実を説明しようとして、ある研究者は次のように示唆している。

あり得ることとは、求婚中という状態、あるいは飲酒の様子《パターン》からアルコール依存症の可視性が低下すると、配偶者選択の一要件とはならなくなる、ということである。したがって結婚してからの生活で以前より親密な交渉が行なわれるようになると、配偶者にもそれと分かる形でこのアルコール依存症という問題が前景に出てくる。[23]

さらにつけ加えておくと、親密な人びとは、信頼を失う事情のある人の社会的場面の管理／操作に特別な一役を買うことになる。すなわちスティグマは親密な人びとが彼を受け容れるという問題には影響を及ぼさないが、彼らが担う責任には影響を与えることになろう。

そこで一方の極に十把一《カテゴリック》からげの秘密扱いがあり、他方の極に個別的各自的公開的扱いのある関係の連続体を考える代わりに、そこで接触が生起し、安定化するさまざまな構造――すなわち、街路と未知の人びと、行きずりのサーヴィス上の関係、仕事場、近隣、家庭内――を考え、それぞれの場合に、対他的な社会的アイデンティティと即自的な社会的アイデンティティの間の乖離が生ずる傾向があり、状況を管理／操作するためにそれぞれに固有の仕方で努力が払われると見るのがいっそう適切であろう。

それにしても、スティグマを管理／操作する問題は全体として、スティグマのある人をわれわれが個人的によく知っているか否かという問題に影響される。この影響がどのようなものかを記述するためには、もう一つ別の概念、すなわち個人的アイデンティティ（personal identity）について明晰な定式を必要とする。[24]

よく知られていることは、長期間継続する小さなサークルでは、おのおのの成員は、他の成員たちに〈かけがえのない《ユニーク》〉個人として知られるようになる。〈かけがえのない〉という用語で、新参の社会科学者たちは何か温かさを感じさせるものとか、何か創造的なものとかを、また少なくとも社会学者たちはこれ以上細分できないものを、表現しようという傾向がつよい。しかしとにかく、この用語にはまだ他に関連ある概念が含意されていることは確かである。

ある個人の〈かけがえのなさ〉という概念に含まれる一つの表象は、〈決定的な標識〉とか〈アイデンティティ・ペグ〉（identity peg）という表象であり、たとえば他人の心に浮かぶその人間の写真的心像とか、特定の親族組織のネットワークにおける彼に固有の位置に関する知識である。興味深い比較の対象に、西アフリカのトアレグ族の場合がある。この種族の男たちはものを見るためにごく細く開けた部分を残して顔全体を布で覆っている。ここでは明らかに顔の代わりに、姿態《ボディ・アピアランス》とか肢体《フィジカル》のスタイルが個人的アイデンティティ同定の投描点として用いられている。[25] 私がたったいま論じているイメージに適合する人は、一時にただの一人しかいない。過去において適合を確認された者は、現在も適合を確認され、また将来においても適合を確認される者とまったく同一人物である。個人個人のアイデンティティを同定するために区別する上できわめて効果的な手がかりである指紋のようなものは、また〔実は〕個人個人を本質的には類似したものとする事項であることに注目しよう。

第二の表象は、ある特定の個人に関する固有の事実の大半は他人にもあてはまるが、親密な者に関する既知の事実全体《フルセット》は独自の組合せとして、この世の他の誰にもあてはまることはないというものである。これは、特定の個人を他の誰彼と決定的に区別するもう一つの手がかりとなる。この情報の複合《コンプレックス》は、あるときは警察の一件書類のように姓名に結びつき、またときには顔は知っているが名前は知らない者の行動のパターンを判別することができる場合のように、身体に結びついている。しかし多くの場合、情報は姓名、身体の双方に結びついている。

第三の表象は、特定個人を他の人びととすべてと区別するものは、彼の存在の核、すなわち彼の原理的にしてかつ中枢的な相であって、これは彼に非常によく似ている人びとと彼を徹底的に異なったものにしているものであり、ただアイデンティティを同定できる程度に異なったものにしているというようなものではない、という内容である。

個人的アイデンティティという言葉で私は最初の二つの表象だけ、すなわち〈決定的な標識〉、あるいは〈アイデンティティ・ペグ〉、およびアイデンティティ・ペグの助けをかりて特定個人に帰属されるようになる生活史上の諸事件のかけがえのない組合せを考えている。したがって個人的アイデンティティとは、特定個人が他のすべての人びとから区別され、さらにこの区別の手がかりの周辺に、社会的事実についての一連の継続的な記録が帰せられ、綿菓子のようにからまって、ついには粘着力のあるものになり、それにまだ他の伝記的事実が附着することがある、という仮定にかかわるものである。理解しにくい点は、個人的アイデンティティが、一つで一種類という性質をもっているというまさしくその事実のゆえに、社会組織内の構造化し、規格化し、標準化された役割を遂行することができるし、また、積極的に遂行する、ということである。

小集団ではなく、大きな非人称《インパースナル》的な、たとえば国家のような、組織体に照準を合わせると、個人のアイデンティティ同定の過程が、現に作動している状態をはっきりと見ることができるだろう。今日では、交渉をもつ個々人全部のアイデンティティを、積極的に同定できるような手だてを公的に記録すること、すなわち個人を他の人びとから明瞭に識別する一組の標識が使用されることは、組織体の標準的な仕事になっている。ここに含意されているように、選択される標識は、それ自体が標準化されたものであって、筆跡、あるいは写真によって確認された容姿のような恒常的生物学的属性、また出生証明、氏名、一連番号のような恒久的に記録保存できる事項などがその例である。最近に至ってコンピューター解析によりアイデンティティ・ペグとして話声、筆跡を使用することが実験的にすすめられて来ており〔現在ではすでに実用化されている〕、美術の鑑識家が絵画を〈目利きする〉場合と同じように、行動をわずかでも表出的に特徴づける性質を利用することができるのである。右のようなものより重要なのは、アメリカでは一九三五年の社会保障法で、事実上すべての被雇用者がひとりひとり固有の登録番号をもち、その番号で雇用経歴が記録されている、ということだ。このアイデンティティ同定の方法は、国内の犯罪者層にすでに多大の打撃をあたえて来ている。いずれにせよ、アイデンティティ・ペグがいつでも使えるように準備されると、ペグを実質化するものは手にはいり次第いつでも、ペグに掛けることができる。つまり一件書類はいつでもひろげられるが、普段は紙挟みに収められ、ファイルされているのである。特定個人の記録が当局者に以前にもまして容易に入手され、彼についてのいろいろな社会的事実、たとえば配当金の受領証、を包括するほどにいろいろの工夫が重ねられている現在、予想されることは、国家による市民ひとりひとりの個人的アイデンティティ同定はますます徹底するであろう、ということである。

追われる者たちが、彼ら〈自身のもの〉ではない〔新しい〕個人的アイデンティティを得ようとする努力、あるいは本来自分たちのものであった個人的アイデンティティを、たとえば指紋を傷つけたり、公的出生証明書を破棄するようなことをして消滅させようとする努力には大いに世間の興味をよぶところがある。実生活上で一般に個人の氏名が問題になるのは、アイデンティティ・ペグのなかでも、氏名は一番よく用いられ、同時にある意味で一番簡単に変え易いものだからだ。誰にも怪しまれず法的にも正当な氏名の変更方法は、記録、すなわち公的にファイルされている記録、を変更することである。このようにすれば外見上の変化はあっても、一貫した継続性が保たれる。[26] たとえば女性が結婚後、家族名を変更する場合がこれである。芸能界では、芸能人が自分の名前を変えるのは普通のことである。しかしこの場合も、本名を知ることは容易であり、場合によっては広く知られてさえいる。これは筆名《ペン・ネーム》を使っている著作家の場合にもあてはまる。名前の変更が公的に記録されずに行なわれる仕事、たとえば売春婦、犯罪者、革命家は、いわゆる〈正当な〉職業ではない。まだ他にカトリックの修道会の場合がある。記録されるか否かは別として、名前の変更を伴う仕事は、明らかに個人と彼がかつて所属した世界との間の重大な分離を含意しているのだ。

　徴兵忌避者とか、モーテルの宿泊客がするような氏名の変更の狙いは、個人的アイデンティティ同定の法的側面に主として向けられているが、小数民族出身者が〔民族的出自を隠すために〕する氏名の変更は、社会的アイデンティティの問題が焦点なのである。ある研究者は、一部の芸能人が個人的アイデンティティと社会的アイデンティティの両方を使い分けている、ことを指摘している。

　平凡なコーラス・ガールが名前を髪型と同様に頻繁に変更することがあるが、これはそのときどきの劇場での人気とか、芸能界のジンクスとかに合わせてのことであり、さらには俳優組合の会費納入を避けるためであることもある。[27]

以上の他に、職業的犯罪者がする二つの特別な形の変名をつけ加えておこう。一つは偽名《エイリアス》であり、これは反復使用されることもあるが、ごく一時的に個人的アイデンティティを確認されることを避けるのが目的である。他は〈通称《モニカー》〉、すなわち犯罪者仲間でつけられ、生涯その名でよばれる渾名であるが、これは仲間うちとか事情通の間だけで使われている。

このようなわけで、名前はアイデンティティを同定するごく通常の手だてではあるが、あまり頼りになるものではない。法廷が、どうみても自分の素性を隠す事情も動機もある人間を扱う場合、名前以外の決定的な標識を求めるのは理の当然である。英国の例をあげてみよう。

……法廷では、個人的アイデンティティは、名前によっては確定されない。もっぱら被告自身の証言に依拠するのでもない。そうではなく個人的特徴の類似点あるいは相違点という証拠を用いて〈推定するという仕方で〉確定されるのである。[28]

ここで再度、社会的情報という問題が提起されなくてはならない。さきに考察された個人が具体的に身につけている記号は、世評、あるいはスティグマの記号の別なく、社会的アイデンティティに関係している。これらの記号はすべて、個人個人が個人的アイデンティティを立証するものと称して身につけている記録文書（documentation）とは、明らかに区別されるべきものである。イギリスでもアメリカでも多様な記録文書が、外国人、本国人の別なく広く使用されるようになってきている。登録カード、運転免許証（指紋、署名、ときには写真を含む）は必要不可欠と感じられている。[29] このような身分証明《セルフ・アイデンティフィケイション》書の他に個人は、年齢証明書（賭博場に出入りしたり、酒類を手に入れたがる若い人びとの場合）、安全装備の必要な、つまり危険な仕事に従事する免許、兵営からの外出許可証などを所持する。この種の情報はよく、家族の写真とか、兵役証明とか、ときには卒業証書の写真版などによって補足されている。最近では、所持者の医学的状態についての情報も出てきていて、多くの人びとがそれを使うように奨励されている。

> 保健省は国民すべてに医学的アイデンティティを記載したカードをもたせることを考慮中である。人びとは常時このカードを所持するように求められることになろう。カードには予防接種、血液型、その他所持者が事故に遭遇した場合、ただちに〔医師が〕知るべき病気、たとえば血友病、などのことが詳細に記載されるはずである。
> その目的の一つは、緊急事態での応急処置を容易にし、被害者がアレルギーを示す恐れのあるワクチンを注射される危険を避けるためである。[30]

写真貼付の身分証明書を上着につけるか、あるいはつねに所持することを従業員に求める事業所が増えてきていることも、書き加えておこう。

これらのアイデンティティ同定のさまざまな工夫の眼目は、いうまでもないことだが、この種の工夫によって、社会的に情報を伝えているシンボルの単に問題になる使用にすぎない事という程度ですまされてしまったかも知れないことを、はっきりと偽造、不法所持に変えてしまい、知らずに犯す過ちだとか曖昧さは許さないということだ。このようなわけでアイデンティティ記録文書という術語のほうがアイデンティティ・シンボルよりいっそう正確かもしれない。（たとえば、容姿、身振り、声によって、ユダヤ人のアイデンティティを同定する比較的粗雑な基準と〔明瞭な記録文書とを〕比較せよ。[31]）ついでにいうならば、この記録文書とそれに記載されたいろいろな社会的事実は、世評とかスティグマのシンボルのように世間一般の人びとの目の届くところにあるものとは違って、限られた場合にアイデンティティを検査する権限をとくに委任された人にだけ呈示されるのが通常である。

個人的アイデンティティについての情報は、正確に文書に記録できるような性質のものなので、それを用いて社会的アイデンティティを偽って呈示する可能性を防ぐこともできる。たとえば、軍人はアイデンティティに関する記録文書を携行することを求められている。記録文書は彼らの制服や階級章が偽りのものであるか否かを裏づけるものである。学生の身分証明書は所持者が図書を借り出したり、あるいは書庫に出入する権利を与えられていることを、図書館員に告知するのである。それは、所持者は酒類を販売している所で飲んでもよい法的年齢に達していることを運転免許証が証明している、のと同様である。またクレジット・カードも個人的アイデンティティを一通りは保証していて、信用してよいか否かを決定するのに役立つ。さらにまた所持者がこのような信用の裏づけに値する社会的カテゴリーに所属しているか否かの証拠にもなる。人は医師であることを立証しようとして、自分がハイラム・スミス博士であるということを証明する。しかし恐らく自分がハイラム・スミスであることを立証するために、彼が医師であることを証明するということはめったにないはずである。同様に、民族的理由からある種のホテルに宿泊できない人びとは、彼らの名前から民族的アイデンティティを同定されたのであろう。このような場合にも、個人の生活誌上の一事項はカテゴリー〔同定〕の理由づけに利用されるのである。

そこで一般的にいうと、記録文書上のアイデンティティにまつわる生活誌は、明らかに、人が自分を呈示するにあたって選択できる呈示方法に制約を加えることがある。たとえば国民健康保険手帳に印の押してない空欄があるので、イギリスの職業紹介所では通常の求職者として通用しない元精神疾患者の場合がそれである。[32] 付言すると、個人的アイデンティティを隠そうとする行為自体が社会的カテゴリーに関する何らかの含意を示すことになる。たとえば有名人が個人的アイデンティティを隠すために使用するサングラスは恐らく、お忍び《インコグニトゥ》でいたいと希望し、そういうもので隠さなければ〔世間に〕知られてしまうような種類の人の社会的カテゴリーを〔逆に〕顕わにする——〔現在はともかく〕ひところはそうだったのである。

社会的シンボルとアイデンティティ記録文書の差異が確認されると、さらに進んで、単に表出の上だけではなく、言語の上でも社会的アイデンティティと個人的アイデンティティに証拠を与える口頭陳述の特殊な位置を調べることができるようになる。自分の文書に、望んでいる処遇を受けるのには不充分な記録しか記載されていない場合、文書の代わりに人は口頭の証言を利用しようとすることがある。いうまでもないことであるが、おおよそ同種の社会的場面で、アイデンティティに関するどの程度の証言が適切であるかに関する信念は、集団により、また社会により異なっている。たとえばあるインドの作家は次のように指摘している。

われわれの社会では、その人間がどういう人間かということは、彼の肩書が保証するものに等しい。したがってわれわれは肩書を人に伝えるとき、非常に几帳面である。デリーではパーティで、紹介者が肩書を言い落したりしようものなら、自分でそれを補足している人がいるのをよく見かける。ある日のこと、デリーに住むある外国人の外交官の家で、私はひとりの若い人に引き合わされた。紹介者は彼の役職上の地位を言い忘れた。するとすぐに彼は会釈してつけ加えたものだ、「××省に務めています。何省にお務めですか?」私がどこにも務めていないむねを答えると、私が肩書をもたないことにはもちろん、肩書なしで、仮にもそのような場所に招かれていることに驚いた様子であった。[33]

生活誌《バイオグラフィ》

ある個人の生活誌上の生の軌跡《ライン》が彼に親密な人びとの心のなかに留められるか、あるいは何らかの組織の人事関係ファイルに留められるか、また彼の個人的アイデンティティの記録を彼が身につけているか、あるいはファイルに収録されるかにかかわりなく彼は一個の単位存在《エンティティ》であって、その周辺には記録が積み上げられるのである――すなわち彼がいろいろと書きなぐることのできる手習帳が用意されているのである。彼は生活誌の対象として係留されている。[34]

生活誌は、とくに経歴の生活史という形態で、社会科学者に利用されてきているが、今まで生活誌は回顧的に構成されざるを得ないという点に注目する以外、この概念の一般的な諸性質にはほとんど注意が向けられたことがない。社会的役割は概念としても、組織体内の形式的要素としても、充分検討されているが、生活誌はいまだに検討されていない。

生活誌について第一に注目すべきことは、個人は数ある生活誌のなかで事実上ただ一つしか生活誌をもつことができないということであって、これは社会の法則ならぬ物理の法則によって裏づけられているのである。個人がしたことおよび実際にやれることは何でもすべて、彼の生活誌に包みこまれ得るものと了解されている。この事実は例の〈R・L・スティーヴンソンの小説〕『ジキル博士とハイド氏』の二重人格の主題が示しているように、われわれに代わって失われた事実を尋ね出して空白を埋めすでに発見された事実と事実を接合するために、われわれが生活誌の専門家つまり私立探偵を雇わねばならないにしても、成立するのである。

ある男がどんな大物の悪党であり、彼の生存がどれほど偽りにみち、秘密が多く、ばらばらであっても、あるいは、どんなに気まぐれ、思いつき、取り消しが多くとも、彼の活動の真相は相互に矛盾したり、あるいは相互に無関係ということはあり得ないのである。生の軌跡のこの包括的単一性は、社会的役割という視角から個人を見るときに、われわれが彼に認める種々の自己の多様性（the multiplicity of selves）と鋭い対照をなしている、という点に注目しよう。社会的役割の場合、役割と相手方《オーディエンス》の分離《セグレゲイション》が都合よく行なわれるならば、人はきわめて手際よく種々の自己を隠して、ある程度までは、自分はもはや従来の自分ではない、と主張できるのである。

個人的アイデンティティの性質について以上のようないくつかの仮定が与えられると、この覚書に関係のあることになる一つの要因が現われてくる。その要因とは〈情報の連鎖性〉(informational connectedness) の程度である。ある人間に関する重要な社会的事実、たとえば、死亡者略歴に載るような種類の事実が与えられるとしよう。その中のどれでもよい二つとり出して対《つい》にする。そしてその対の一方を知っている人が他方をも知っている頻度を測度とする。この測度によって計測すると、それぞれの事実はどれほど密接な繋がりをもっているか、それともどれほど隔たっているか。もっと一般的にいうならば、特定の個人に関する一群の重要な社会的事実が与えられた場合、その中の一部の事実を知っている人たちが知っている〔一部の事実とは〕いくつぐらいであろうか。

社会的事実を歪曲して呈示すること（social misrepresentation）と、個人的事実を歪曲して呈示すること（personal misrepresentation）とは区別されるべきである。中流階層の上層に属する実業家が、〈安物を着て〉低級な避暑地に出かけどっちつかずの週末を送るときは、第一の仕方で自己を歪曲して呈示しているのであるが、彼がとあるモーテルで〔姓名を偽って〕スミスと宿帳に書くときは、第二の仕方で自己を歪曲して呈示しているのである。社会的アイデンティティ、あるいは個人的アイデンティティのどちらが問題になる場合でも、擬装された自分（what one isn't）が本当の自分であると証明することを意図して〔自己を〕呈示する場合と、人が現実の自分（what one is）を否定することを意図して〔自己を〕呈示する場合を区別することができる。

一般的にいうならば、社会的アイデンティティに関する基準は、すでに示唆したことがあるように、特定の個人がもっていてもおかしくはないとわれわれが感ずるような役割のレパートリーないしはプロファィル――社会人類学者のW・ロイド・ウォーナーがよく用いた〈社会的パースナリティ〉[35]――に関係がある。われわれは凄腕の賭け玉突師（a pool shark）が女性や古典学者であるとは想像もしない。しかしまた、彼がイタリア系の労働者、あるいは都市居住の黒人であっても別段驚きもしないし、当惑もしないのである。個人的パーソナリティに関する基準は、さまざまの社会的属性の組合せの許容される範囲とは関係なく、むしろ個人が適当に行使できる情報制御の種類に関係がある。個人がいわゆる暗い過去をもつことは、社会的アイデンティティの問題である。しかしこの過去についての情報を彼が操作する仕方は、個人的アイデンティティの同定の問題である。不明《ストレンジ》な過去をもつこと（もちろん、それ自体が不明なのではない。個人の現在の社会的アイデンティティが相手にとって不明なのである）は、ある意味で波乱含みなことである。しかし不明《ストレンジ》な過去の持ち主が、その過去を知りもしないし、また彼がそれを知らせもしない人びとを前にして生活を送ることは、それはそれでまた非常に違った意味で波乱含みなことであろう。第一の場合は社会的アイデンティティについての約束事《ルール》に関係し、第二の場合は個人的アイデンティティの約束事に関係している。

今日、中流階層の人びと《サークルズ》の間では、明らかに、人が当然そうすべきであると期待されたことから望ましくない方向に逸脱することが多ければ多いほど、自己自身について自発的に情報を提供しなくてはならない機会が増加することになる。しかし率直にする結果、彼にかかる負担は〔機会の増加に〕比例して大きくなってきているかも知れない。（ところが反面、ある個人が自分自身に関して、当然彼が告白すべきだったことを隠しても、そのことは彼に事実を強制的に自白させたり、心にもない嘘をいわせたりするような種類の質問をする権利をわれわれに与えるものではない。われわれがこのような質問をすると、われわれの側では無思慮ということから、彼の側では隠したことから、二重の当惑が生ずるのである。彼の側では、われわれが彼を当惑させてしまって気の毒したと思う立場に追い込まれたことを済まないと思うこともあろう。）こうみると、沈黙《レティセンス》を守る権利は、隠すことが何もない場合に、得られるもののように思われる。[36] また自分の個人的アイデンティティを操作するためには、人は誰にどの程度うち明けるか、誰にはどの程度知らさずにすますか〔他人との間の情報の借りの多寡〕、を知っておく必要があるように思われる——もっとも、どんな場合でも、〈すぐに分かる《アウトライト》〉嘘をいうことは差し控えざるを得ないであろう。このことは彼がある程度の〈記憶〉をもっていなくてはならない、ということである。すなわちこの場合は、彼の過去、現在の諸事実について心にあることで他人に告げた方がよいようなことを、即座に正確に話せる、ということである。[37]

さてここで個人的アイデンティティの同定と社会的アイデンティティの同定の相互関係が考察され、その相互の絡み合いのいくつかをさらに明瞭にときほぐしてみなくてはならない順序である。

明らかに、ひとりひとりの個人的アイデンティティの同定を構成するにあたって、われわれは彼の社会的アイデンティティのいくつかの側面を利用する——もちろん彼に関連させることのできるものはこれをいっさい利用することはいうまでもない。また同様に明らかなことは、特定の個人を個人として同定《アイデンティファイ》することができる場合、われわれは彼の社会的アイデンティティに関係ある情報を組織し、整理統合《コンソリデイト》する記憶装置を得ることになる、ということである——

この過程はわれわれが彼に帰属させる社会的特徴の意味を微妙な仕方で変えることになろう。

　自分のスティグマをまだ隠している当の相手が未知の人ではなく自分の友人であるような場合、信頼を失う理由となる秘密の弱味をもっているということは、一段と深刻な意味をもつことになると想像される。事が露顕すれば、現在の社会的状況ばかりか、既に確立されている関係も、偏見で歪められるようになる。言い換えると、他人が現在彼についてもっている人物像ばかりでなく、これから将来彼らがもつことになろう人物像も、さらに容貌ばかりか、うわさまで偏見で歪められるようになるのである。スティグマと、それを隠そう、あるいは矯正しようという努力は、個人的アイデンティティの一部分として〈定着《フィクスト》〉する。変装《マスク》しているときとか、[38]あるいは自宅から離れているときに、われわれが穏当さを欠く行動を気軽にする機会が増加するのも、この辺に理由があるし、また、内幕ものを匿名で出版したり、きわめて限られた私的に集まった聴衆の前に現われることを好む人びとの気持ちもこの辺に根差している。この場合、彼らが暗黙に仮定しているのは、事が露顕しても世間一般の人たちには、露顕した事と彼らとの間にこれは誰がやった、あれは誰がやったと繋がりをつけることはできまい、ということである。この間の事情をよく伝える例が最近報告されている。それはマッタシーン協会にかかわることである。この組織は同性愛の人びとの現状の紹介、改善を目的としており、その仕事の一端としてこの協会は雑誌を発行している。とある貸ビルにある支部事務所は、明らかに仲間向け《パブリック》の活動で多忙なはずである。ところが事務所で働いている人たちの行動には同性愛的なところがないので、同じビルの他の事務所の人びとは、何がそこの事業なのか、どういう人間がそれをやっているのかに、気づかずにいたのである。[39]

生活誌上の他人

個人的アイデンティティは、社会的アイデンティティ同様、個人がかかわりをもつ他人によって成り立つ私的世界を分割する。分割線はまず自分を知る者（the knowing）と自分を知らぬ者（the unknowing）との間に引かれる。自分を知る者とは、ある個人について個人的アイデンティティを同定できる人びとをいう。この種の人びとは、彼に会うか、彼の名前を聞くだけで、彼の個人的アイデンティティについての情報を活性化することができる。自分を知らぬ者とは彼らにとって当の個人がまったく未知であるような人びとのことであり、自分を知らぬ者のなかには、未知の相手については個人的生活誌を全然〔書き〕始めていない者もいる。

他人たちに知られているある個人が、彼らが自分についての知識をもっている、と気づいていることもあるし、気づいていないこともある。逆に他人たちの側でも、彼らが彼について知識をもっている、と彼が気づいている、あるいは気づいていない、ということを察知していることもあり得るし、また察知しないでいることもあり得る。さらにまた、彼らが自分についての知識をもっていない、と思っている場合でも、彼には決して確信があるわけではない。他人が自分についての知識をもっている、と気づいているならば、彼も、少なくとも何ほどかは、彼らについての知識をもっているはずである。反対に、彼らが彼についての知識をもっていると気づかずにいる場合にも、これ以外のことで彼らについての知識をもっていることもあり得るし、もっていないこともあり得る。

以上のことはすべて、どの程度知られているのか、また知られていないのかには関係なく、重要である。というのは社会的アイデンティティと個人的なアイデンティティを管理／操作するにあたって個人がもつ問題は、彼の面前にいる人びとが、彼について知っているか否かによって、大いに異なってくるであろうし、またもしそうだとすれば、彼らが自分について知っていることに、彼が気づいているか否かによっても大いに異なってくるであろうからである。

ある個人が、その人びとにとってはまったく見ず知らずの人間であり、彼の一見して即刻明白になる社会的アイデンティティという点だけが意味をもちうるというような人びとの間にいるとする。この場合、彼にとって大きな〔意味をもつ〕偶発的与件は、彼らが自分の個人的アイデンティティの同定を構成し始めるか否か（少なくともある特定の仕方で振舞っていた場面での彼を見たことがあるというような記憶）、あるいは個人的アイデンティティ同定に関連のある彼についての情報《ノリッジ》を組織化したり、貯蔵したりすることをまったく差し控えるか否か、ということである。差し控える場合が完全に匿名的な状況の特質である。大都会の公道は、穏当《ウエル》な行動《ビヘイヴド》をしている者には匿名的状況を与えるが、この匿名は生活誌的であるという点に注意しよう。というのは、社会的アイデンティティに関して完全な匿名というようなことはほとんどあり得ないからである。つけ加えていうならば、個人が組織なり共同体なりに参加するときはいつでも、彼についての情報の構造《ノリッジ》——情報の分布の仕方と性質——に顕著な変化が生ずる。したがって、情報を制御するにあたって考慮すべき偶発的与件に変化が生ずる。[40] たとえば元精神疾患者は誰でも、退院後に入院中にできた知己に挨拶しなければならず、第三者に「今の人、誰？」と、尋ねられるような羽目に余儀なく立ち至ることがあろう。恐らくこれよりもっと重大なことは、自分の側では知らない - 自分を知る者（the unknown - about knowing）、すなわち彼の個人的アイデンティティを同定することができ、彼らの側では彼についての情報をもっているとは自分では気づいていないのに、彼が〈事実〉元精神疾患者であったということを知っている人びと、と対さなくてはならないことである。

認知的確認（cognitive recognition）という術語で、ある特定の社会的アイデンティティ、またはある特定の個人的アイデンティティをもつ者としてある特定の個人を〈位置づける〉知覚作用を、私は言い表わすことにしたい。周知の通り大半の召使の門衛としての機能は、いろいろな社会的アイデンティティを確認することである。あまり知られてないことだが、ある種の組織では個人的アイデンティティの確認を仕事として制度化している。たとえば銀行では、預金係は顧客に関してこの種の能力をもつことを求められている。英国の犯罪者仲間《サークルズ》には〈張り番《コーナー・マン》〉という役目があって、明らかに、その仕事をしている者は法の目をくぐった商売をしている場所の入口の近辺の街路で役目に就いている。彼は、通行人のほとんど全部の個人的アイデンティティを知っているので、警戒の必要な者の接近を警報できるのである。[41]

ある個人について生活誌的情報をもつ範囲の人びと――彼について知っている者――のなかには、親疎の差、地位が対等か否かといった違いはあっても、〈社会的に〉彼の知己であるようなさらに小さなサークルがある。よくいわれるように、彼らは彼の〈こと《オブ》〉を知っている、あるいは彼に〈ついて《アバウト》〉知っているばかりでなく、また彼と〈個人的に〉も面識があるのである。彼らは、彼と同一の社会的場面に居合わせていると知ったときには、会釈、挨拶、ちょっとした言葉を交わす権利、義務を有する。このようなことが社会的確認（social recognition）を構成している。いうまでもなく、ときには個人的に面識のない人を社会的に確認したり、逆に彼から確認されたりする、というようなこともある。いずれにしてもはっきりさせておかなくてはならないことは、認知的確認が単に知覚レベルの行為であるのに対し、社会的確認は個人の意思伝達レベルでの儀礼（a communication ceremony）だ、という点である。

社会的に相手を知っていること、あるいは個人的な知己であることは、当然、相互的であるが、いうまでもなく知己同士の一方、あるいは双方が、一時的にせよ、知己であるということを忘れてしまうということもあり得る。また同様に、一方あるいは双方が知己であることには気づいても、相手の個人的アイデンティティをどれ一つとして一時的に思い起こせない、というような場合も起こり得るのである。[42]

小さな町にせよ、大都会にせよ、村落的生活《ヴィレッジライフ》を営んでいる人びとには、単に相手のことを知っているだけというような者はほとんどいないであろう。彼について知っている人は、彼と個人的な面識もあるはずである。それとは対照的に、〈知名〉（fame）という言葉には、次のような意味の可能性が表現されているらしい。その可能性とは、ある特定個人について情報をもつ――とくに彼の示す何らかの稀有の望ましい業績、あるいは、所有物という点に関連して――人びとの範囲《サークル》が非常に広汎にわたることがあり、しかも同時にこの人びとの範囲は彼と個人的に面識のある人びとの範囲よりもはるかに広汎にわたっている、という性質のものである。

社会的アイデンティティに基づいてある個人に与えられる処遇は、彼の個人的アイデンティティゆえに著名人に与えられる敬意と憧れと、しばしば、対応するのである。彼は、小さな町の住人のように、いつも自分を知っている人びとのなかで買物をすることになろう。未知の人びとに公共の場所で、認知的に確認されるというただそれだけのことが、また満足の源でもあり得る。ある若い俳優は次のようにいっている。

僕がちょっとは世間に知られるようになった頃のことだ。滅入るような気分の日は、「さて、外へ出てみるか。僕をみんなが誰だか認《リコグナイズ》めてくれるだろう。」と僕は実際に独り言したものだ。[43]

この種の雑多な人びと《プロミスキャス》によるちょっとした注目は、多分、どうして人が知名的になりたがるのか、その理由を示すものである。これはまた一度得た評判を、なぜ人がときに隠すことがあるのか、その理由をも示している。理由になることはただ、記者、サインを求める人びと、ファンなどに追い廻わされる煩わしさばかりでなく、拡大した半径で生ずるいろいろな行為が、ニユーズになる事件として、生活誌に入ってくる、という点にもある。著名人が、〈独りになれる〉ところへ〈脱出する〉とは、彼の生活誌の存在しない小さな社会《コミュニティ》を見つけることと同義であろう。そのような場所では、彼の行動は、彼の社会的アイデンティティだけを反映して、誰の興味も惹く機縁とはならないはずである。逆に〈舞台に《オン》〉のるということの一面は、生活誌に対して含意するところを抑えるように工夫された仕方で行為することである。それはしかし、通常、生活誌が綴られることのないような生活領域で、〈舞台に〉のることなのである。

　平均的な人間の日常生活の場合、非常に長い期間にわたって、誰にも記憶されるような事件に彼が登場することのないときがつづく。その期間は彼の生活誌上生存しているだけ《テクニカル》の部分ではあるが、他人を交えて生き生きした《アクティヴ》部分ではない。わずかに重大な個人的事件とか、殺人を目撃するとかいうことが、彼の過去を自分、または他人が回顧するときに、この澱んだ《デッド》期間にあって、一つの場所を占める瞬間となるのである。（事実、〈不在証明《アリバイ》〉は、生活誌の断片的引用であって、普通ならば、人の生活誌《バイオグラフィ》の中のまったく活性化することのない部分である。）他方、一冊の書物となるぐらいの伝記《バイオグラフィ》つまり生活誌を書かれるようになる著名人、なかんずく最初からこの宿命をになって生まれた王族は、澱《よど》んだ、すなわち生活誌のなかで不活性に留まることが許されるような期間は、生涯を通じてほとんど経験することがない、と知ることになるだろう。

知名〔という問題〕を考察するにあたって、不評、悪名の考察は有用、かつ適切であろう。不評、悪名は、個人的には面識もない特定の個人の醜聞を知っている人がある範囲にわたって存在する、ということから生ずる。不評の機能は明らかに社会統制であり、それには二つの区別されるべき可能性があることを記述する必要がある。

第一に形式的な社会統制がある。記録の上で、また噂でも要注意とされている、あるいは逮捕のために〈手配中《ウォンテッド》〉ですらある、同定可能な人物の出没を盛り場で見張る任務を帯びた者ならびに任務を帯びた集団《サークルズ》がある。たとえば、精神病院の研究をしていたときのこと、私はひとりの患者を知るようになった。彼は〈域内仮釈放《タウン・パロール》〉の身であり、さらに何人かの幼女に暴行を働いたことも記録されていた。彼は映画館に入るとすぐに支配人に見つかり、退場させられることがよくあった。つまり、彼の悪名はきわめて高く、近所の映画館には入場できなかったのである。人に知られた〈ならず者たち《フーリッヅ》〉も同様の問題をもっているが、劇場支配人では手の出しようがない相手である。

ここで個人的アイデンティティの同定を職業とするもののなかからいくつかの例をとりあげ、扱うのが順序であろう。少なからぬ百貨店の売場監督《フロア・ウォーカー》が、たとえば、万引常習者の容貌の行届いたリストに、いわゆる手口（modus operandi）というアイデンティティ・ペグをも記載してもっている。個人的アイデンティティの同定を行なうには、事実、それなりの社会的機会がある。たとえば警察の面通し《ラインナップ》である。ディケンズは、ロンドンのある刑務所で囚人と面会人が接触する場面を描写している箇所で、〈肖像記銘のための面接〉とよばれる別の〈手続きの〉例をあげている。それは新来の囚人が椅子に着席させられ、看守たちがその周りに集まり、彼を凝視《みつ》め、あとで彼をすぐ見分けられるように彼のイメージを心に焼き付ける、という手続きである。[44]

評判のよくない者たちがそこにいるか否かを調査することを任務としている人びとは、限られた範囲の社会的施設においてだけではなく、社会の全域にわたって活動している。たとえば刑事たちは、一都市全域を活動の場としているが、彼ら自身はこの都市の公衆の構成員ではない。ここでわれわれは、悪評に基づく第二の型の社会統制を考察しなくてはならない順序である。しかし今度は、世間一般を対象とする非形式的な統制である。この場合、名声のある人を、悪名高い者とほとんど同一の位置において考察することができる。

ある特定個人を知っている人びと（彼らのことを彼の側では知らない）の範囲には、アイデンティティを同定するために雇われている人びとばかりでなく、世間一般も含まれる。（事実、〈名声〉、〈悪名〉という言葉は、世間一般が特定の個人について何がしかのイメージを抱いているはずだ、ということを含意しているのである。）明らかに、この脈絡では、マス・メディアが中心的な役を果たしていて、〈私〉人が〈公的〉人物に変貌させられてしまうことがあるのだ。

ところである個人について世間に流布するイメージ、すなわち彼と個人的な面識のない人びとが入手できる彼に関するイメージは、彼が個人的な面識のある人びととの直接的交渉を通して彼らに与えるイメージとは当然いくらか違っている。個人が世間に流布するイメージをもつ場合、そのイメージは、彼に関して真実である事実からほんのいくつかを選択して来て、構成されたものと思われ、それらのわずかの事実は水増しされて、劇的でニューズにする値打のあるような見かけまでもつに至り、彼の全体像として通用することになる。その結果、特別な形のスティグマ付与（stigmatization）が起きる。個人が一定のきまった仕方で交際している人びとを前にして日常生活で刻む像は、彼について世間に流布しているイメージによって作り出された実効性《ヴァーチャル》のある要求（好意的であると否かにかかわらず）によって倭小化され、汚損されることもでてくる。このことはとくに問題の個人がもはやニューズに値するほど大きな出来事に参加しておらず、至るところで、もはや以前の彼ではない者として迎えられるという事実に直面しなくてはならないときに、生ずるようである。また短期間のこれといった特色のない偶然の出来事により悪名を蒙り、悪名を蒙った当人には、何らかの望ましい属性が得られる修正の機会も資格も与えられない世間に流布するアイデンティティが、押し付けられるといった場合にも生ずると考えられる。[45]

右の解釈の含意するところは、ボーイ頭とか、ゴシップ欄記者が〈取るに足らぬ人たち《ノーボディズ》〉とよんでいる人びとに比較すると、名声ある人、悪名高い者相互の間の共通点のほうがはるかに大きい、ということである。というのは世間《クラウド》がある個人に、好意をもとうと敵意をもとうと、彼のちょっとした行為から同じような波紋が生ずるからである。（この型の匿名性の欠如は、身体に傷害をもつ人がたえず注視されていると感じている場合のような社会的アイデンティティに基づく型の匿名性の欠如と対照されなくてはならない。）著名な絞首刑執行人も、有名な俳優も共に、人の予期しない駅から列車に乗り込むとか、あるいは変装するほうが都合がよいことを知っている[46]。いろいろな人が敵意に満ちた世間の注意を避けるために、いつの間にかいろいろの策略を用いている自分に気づくが、その策略には一度は彼らが諂《へつら》いを含んだ注目を逃れるために身の上話の中で用いたものもある。いずれにせよ個人的アイデンティティの管理／操作に関してすぐにも入手できる情報は、著名人ばかりでなく悪名高い連中の伝記、自叙伝にも見つかるはずである。

以上のようなわけで、個人は、彼のことを間接に知っているに過ぎない人びとと個人的に面識がある人びとの分布の中心点として見ることができるのであり、これらの人びとは彼に関して多少とも程度の違う量の情報をもっているのである。私がここで再度いいたいことは、ある特定の個人の日常的行動半径は、彼を知る程度の異なる人びととありふれた日常的条件の下で彼に交渉をもたせることになるが、この〔情報の〕差異は通常相互に矛盾することはない。事実、ある種の構造的に単一の生活誌（single biographical structure）が維持されるのである。ある男と雇主の関係は、彼と自分の子供との関係とは大いに違う。したがって、父親の役割を演じながら、同時に他方で被雇用者の役割を演ずることは簡単にはできない。しかし子供と連れ立って散歩しているとき、仮に雇主に出会っても、挨拶と〔双方の〕紹介はできるのである。その際に子供も雇主もこの男の個人的アイデンティティの同定を根本的に再編成する必要はない——子供と雇主の双方が、互いに相手の存在と役割をすでに知っているからである。実生活上の〈儀礼的紹介〉（courtesy introduction）というかなり慣例化しているエチケットは、われわれとの間に役割関係をもつ相手が、われわれとは違う種類の人びととはまったく正当な仕方で別の種類の関係をもっている、ということを暗黙に自明的前提としているのである。したがって私は次のような仮定をしている。それは、日常生活で生ずるさまざまの偶発的接触は、明らかに個人を一つの生活誌に結びつける何らかの構造を構成しているということ、しかもこのことは、役割と〔その役割に対応する〕相手側《オーディエンス》の間の分離によって自己《セルヴス》が多様化しても、なお成立する、という仮定である。

パッシング

もし個人がスティグマとなるような悩み《アフリクション》の種をもっていても、それが医師に最終的診断を受けていないハンセン病であるとか人目につかない癲癇の小発作（petit mal）で、当人自身を含めて誰にも知られていないとすれば、スティグマの〈一次的《プライマリ》[47]〉または客観的含意を明らかにするため〔の研究計画〕の統制対象《コントロール・ディヴァイス》とする場合以外に、社会学者がその種の異常に関心を示さないのは明らかである。都合よくスティグマが人目につかず、それをもっている当人だけが知っていて彼が誰にも告白しない場合も、そのような異常は、パッシング〔素性を隠しての越境〕の研究においても取り立てて関心が払われるようなことはない。右の二つの可能な場合のいずれにせよ、それがどの程度に存在するのかは、なかなか推量しにくいことなのである。

　同様な意味で明らかなのは、実際にはあまりないことだろうが、もしある人のスティグマが彼と接触する人びとの誰にでも必ず即刻に明々白々になるというようなことがあるとするならば、そのような場合にもまた関心の範囲は狭くなるはずだ、ということである。もっともその場合でも、彼がどの程度人との接触を断って、しかも社会のなかでよどみなく自在《フリーリー》に機能することが許されるかという問題、気転とその挫折の問題、自棄的になるといった問題などへの関心はなお何ほどか存在するではあろうが。

　それはともかく、明らかに誰もスティグマのことは知らない場合と、誰でもがそのことを知っている場合という二つの極端な分類だけでは、広汎にわたるさまざまの事例を尽くすことはできない。一方では、あるクラスの人びと、たとえば警察、には自己の弱点を注意深く内密にしておきながら、他方では、それを組織的に別のクラスの人びと、すなわち顧客、仲間、ヤクの売人《コネクションズ》、故買人《フェンス》などには、はっきり見せることが必要というようなスティグマがある。たとえば売春婦、窃盗、同性愛者、乞食、麻薬依存症者というような者たちのもつスティグマである。[48] したがって浮浪者が警察官の前でどんな役割を装ってみせようと、ただで食事にありつくためには主婦たちにはしばしば素性を明かさないわけにはいかない。また彼らがいみじくも〈振舞いめし《エキジビション・ミールズ》〉[49]とよぶものを勝手口で提供されるときには、通りがかりの人たちには自分の気分とは関係なく身分を知られないわけにはいかないのだ。第二に、個人がすぐそれとは分からないスティグマを仮に隠し通すことができたとしても、他人と親密な関係を結ぶとき、われわれの社会ではこのような関係は人に知られていない秘密を互いに告白し合うことで成立するものなので、その親密な相手に自分の現況を告白することになるか、告白せずに罪悪感を覚えることになるかのいずれかに追い込まれることに気づくであろう。いずれにしても重大な秘密のほとんどすべてが誰かに知られ、その結果秘密はある影を落すのである。

　同様にして、ある個人のスティグマがつねにはっきりしているようでありながら、実際はまったくそうではない場合が多々ある。というのは調べてみれば分かることであるが、人はともすれば自己自身についての重要な情報を結果的には隠すようなことをする立場におかれるものである。たとえば足の不自由な少年はいつも自分自身の障害を隠さずにいるように見えても、彼を知らない人びとが一瞬、彼の足は一時的に怪我をしているのだと思ってしまうこともあり得る。[50] それは丁度、友人に暗い小部屋に招じ入れられた盲人が一瞬、視力を取り戻したように見えることがあったり、[51]うす暗いバーで黒メガネをかけて坐っている盲人が、新来の客の目には晴眼者と映ったり、[52]映画館で、ボーイハントに積極的な女性が、隣に居合せた人の鉤手の義手にふれて、突如自分の手の感じたものに恐怖のあまり悲鳴をあげたり、[53]などすることのあるのと同じである。かつて一度も白人として越境《パス》したことのない黒人が、手紙を出したり、電話をかけたりするとき、いずれは失うことになるはずの自己像を〔相手方の心に〕投映していることに気づくのもまた右と類似のことである。

一方には完全な秘密、他方には完全な知悉《ちしつ》という二つの極の間にいくつかの可能な場合があるとき、越境するために一致して組織的努力をする人びとが直面する問題は、いろいろの層の人びとが何らかの形で直面する問題と同じだと思われる。常人と見なされることは、それ自体で大きな報賞であるから、越境しようとしているほとんどすべての人びとは、まま無理をしても越境しようとする。さらに個人のスティグマが、見ず知らずの人たちに知らせるには適切な方法のない事柄に関連していることもある。たとえば刑余者がちょっと知っているに過ぎない人びとを不適当なほどに頼りにして、この程度の関係が実際に保証する以上に自分自身に関する個人的な秘事を、自分の口から打ち明けてしまう場合がそれである。率直さと体裁が両立しない場合は、しばしば体裁をつくろうことで事は処理される。最後に常人でも人の集まる場所では隠すのが普通となっている身体的部分と当のスティグマが関係している場合、どうしても越境は避けられない。乳房切除をした女性、あるいは性犯罪を犯し刑として去勢されたノルウェー人の男性は、ほとんどあらゆる状況で偽りの自己を呈示せざるを得なくなる。つまり誰しも人は慣習の枠内（conventional）で秘密と〔定義〕されていることは、これを隠すのが当然である以上、右のような人びとの場合、慣習の枠内には収まらない（unconventional）秘密は〔なおさら〕隠さざるを得ないのである。

人が事実上越境している場合、あるいは意図的に越境する場合、彼の身上に関して顕わになってくるもの――社会的場面で初対面の人《ストレンジャー》にもすぐに手に入るような情報のみに基づいて彼の社会的アイデンティティを同定する人びとにさえも顕わになってくるもの――のために、信頼を失うようなことが起こり得る。（一種のいわゆる〈当惑を覚える出来事〉が生ずるのはこういう場合である。）しかしこの種の対他的な社会的アイデンティティに対する脅威が、唯一の脅威なのではないことは確かである。ある個人の現在とっているさまざまの行動〔の破綻〕から、彼が擬装によって得た現在の信頼を失うことになることがあり得るという事実は別として、越境する場合の根本的に不測の事態は、彼の個人的アイデンティティを同定することができ、さらにこの人物の現在の資格とは両立しがたい不透明な事実を自分たちの生活誌に記録しているような人びとが、彼の正体を暴露する《ディスクレディット》こともあろうということである。この場合、個人的アイデンティティの同定は社会的アイデンティティに強い影響を与えているのである。

いうまでもなく、この点に、さまざまの脅迫の成立基盤がある。〈でっち上げ〉（the frame-up）は、やがて脅迫の理由として用いることのできる出来事を、あらかじめ仕掛けておくことである。（でっち上げは、〈罠〉（entrapment）すなわち犯罪者に常習的な犯罪手口さらには彼らの犯罪者としてのアイデンティティを暴露するために刑事が用いる手段、とは区別されなくてはならない。）ちょっとでも様子を変えると、のっぴきならない事実を暴露するぞ、という脅迫者の警告があるので、脅迫されている者がどうしても行為の行程を変えることができないというような場合がある。これは〈脅迫の前段階〉（pre-blackmail）である。W・I・タマスがあげている一つの実例に、ある警察官が売春婦を〔脅迫して〕、まともな女性と見られるような仕事につこうとする彼女の努力を、どれもこれも片端から徒労に終らせ《ディスクレディット》、彼女は元の仕事に留まらざるを得なかった、というのがある。[54] 恐らく〈自己免責型脅迫〉は最高に重要な種類の脅迫である。これは脅迫者が、〔被害者が〕補償を強要すれば、それはかえって被害者の信頼喪失につながるのが落ちだと脅して、意図的にあるいは結果的に、罪を償うことを免れる場合である。

〈罪状が証明されるまでは無罪を仮定する〉ということは、未婚の父に比較すると、未婚の母にはさしたる庇護を与えない。彼女の罪はせり出してくる腹で明らかになる——証拠は隠せない。彼には外見上の徴候はなく、その上彼の果たした補助的役割は証明されなくてはならない。しかしこのことを証明するには、彼が父親になる際に主導的役割を演じたということを検察側が仮定しない場合、未婚の母の方が多くの人びとを前にして自分のアイデンティティと性的不行跡をさらけ出さなくてはならないのだ。彼女が素性と不行跡を暴露されたくなければ、相手の男性は、望むならば、安直に匿名と表面的には罪のないような様子をつづけることができるのである。[55]

最後に、〈従来からある《クラシック》〉、すなわち定型的な脅迫がある。脅迫者は、相手が現在保持しているアイデンティティを完全に失わせることになるような過去、あるいは現在の事実を暴露すると脅して報酬を得るのがこれである。注意してよいことは、この種の脅迫には自己免責型脅迫も含まれるということである。というのは巧妙な脅迫者は、人を脅迫するばかりか、脅迫したことに対する罰をも免れるからである。

社会学的に見れば、脅迫自体はさして重要ではない。[56] 重要なことは、望むなら人を脅迫できるような立場にある人びとと、脅迫される立場にある者の間に成立し得る関係には、どんな種類のものがあるかを考察することである。この点で認められるのは、越境している人が二重生活をしているということ、および生活誌にある情報の連鎖〔の性質〕からいろいろな様態の二重生活が成立するということ、である。

ある人が過去に信頼を失う事情をもつ場合、彼はすでに収集された証拠や情報を〔第三者に〕中継することができる立場に立つ人びとのことは気にしても、原資料の証拠や情報についてはさほど関心を払わない。信頼を失うことになる事情が現在の生活の一部であるような場合には、口伝えに広められる情報に対してより、〔右の事情自体を〕ずっと用心深く守らなくてはならない。つまり行為の現場を押えられることがないようにしなくてはならないのだ。あるコール・ガールは次のようにいっている。

逮捕されなくても、人に見つかることはある。それは〔逮捕されるのと〕同程度に苦痛なことである。「パーティによばれると、私はいつも部屋の中を素早く見まわすの。」と彼女はいう。「あなた方には分かんないことよ。一度なんか、二人の従兄弟を見かけたわ。二人とも二、三人のコール・ガールの相手をしていて、私の方は見向きもしなかったの。あの人たちは自分たちのことで一杯で、私のことなんか思いも及ばなかったのぢゃないかって、自分に都合よく考えてみたんだけど。もし父にでも会ったらどうしようかしらと、いつも心配してたわ。だって父はあの頃よく出歩いていたんだもの。」[57]

人が過去あるいは現在に、信頼を失うことになる事情があると、彼の立場の危うさは、その秘密を知っている人びとの数に正比例するはずである。すなわち彼の暗い部分を知っている人の数が多ければ多いほど、彼の立場はいっそう不安定である。このような理由から、銀行の預金係は競馬に出かけるより、自分の妻君の同性の友人といちゃついている方がずっと安全かも知れないのである。

数は多いことも少ないこともあるが、〔ある人間に関して〕情報を握っている者たちのなかに、その人間のことは全部知っていると思い込んでいる者と、〈本当に〉知っている者〔の二つのタイプ〕が含まれている単純な二重生活がある。このような場合は、次のような二重の意味で二重生活を送っている者の状況と比較対照されなくてはならない。その状況とは、特定の個人についてそれ自体完結した別々の生活誌をもっていることを相互に気づかずにいるような二つのサークルがあって、その二つのサークルを当人が渡り歩いている、というような場合のことである。情事をつづけている男がいて、恐らくわずかの人だけがその事実を知り、しかも当の不義の男女《カップル》と交際さえしているというような場合、彼は単純な二重生活を送っているのである。ところが仮にこの不義の男女《カップル》が友人を作り、この友人たちがこの男女は本当の夫婦《カップル》ではないということに気がついていない場合、二重の二重生活が成立し始めるのである。第一の型の二重生活に伴う危険は、脅迫とか敵意による暴露の危険であり、第二の型のそれの危険は、多くの場合、偶然の発覚の危険である。というのはこの男女《カップル》を知っている人びとは誰ひとりとして守るべき秘密があるなどと気づいてもいないところから、それを守ろうなどとは考えてもいないからである。

以上私は、個人の過去あるいは現在の秘密について、他人が知っていることから、現在脅威にさらされている生活のことを考察してきたが、今度は別の視角から二重生活を考察しなくてはならない順序である。

ある地域社会で何年かの生活を送ってからそこを去るに際して、人は個人的アイデンティティを同定するための資料を、そこに残すことになる。それはしばしば彼が将来、〈どのようになるか〉についてのいろいろの推測をも含めて、かなり包括的な生活誌を伴っている。彼が現在生活している地域社会でも彼は多くの他人の心に、一つの生活誌すなわち可能的には彼の全体像であるものを展開する。その全体像には彼がそこに来る以前にどういう種類の人間で、どういう出自の背景をもっているかについての新解釈が含まれている。彼についての〔新旧〕二組の情報の間には何らかの乖離が生ずるのは明らかだ。すなわち二重の生活誌のようなものができて、彼を以前に知っていた人たちと、彼を現在知っている人びとが、互いに自分たちこそこの人の全容を知りつくしていると考えるのである。

このような生活誌の不連続性は、彼が自分の過去について現在の交渉相手に正確かつ適切な情報を提供し、過去の交渉相手が彼をめぐる〔最近の〕ニューズとかゴシップを彼についての生活誌に書き足して新しくすれば、橋渡しできるものなのである。この橋渡しは、現在の彼に以前の彼への信頼を失わせるようなものはなく、また過去の彼が現在の彼をあまり大きく傷つけるものではない場合、容易に行なわれる。いうまでもなくこれが通常の場合なのである。つまり〔この場合〕彼の生活誌には不連続性はあっても、彼への信頼を失わせるようなものはないのである。

ところで研究者たちは、恥ずべき過去の経験が個人の現在に及ぼす影響については、充分に関心を示してはいるが、恥ずべき現在が過去の生活誌の記録者に及ぼす影響についてはあまり注意を払ってはいない。いわゆる準拠集団理論に非常に適合的な事実であるにもかかわらず、もはや一緒に生活していない人びとの間に良い思い出を留めていることが個人にとってどれほど重要なことか、従来充分に理解されていなかった。この場合昔からよくあるのは、都会生活とそこでの日常的な対人関係には適応しているが、故郷の町の男と〈出くわす〉《バンプ・インツー》のではないかと恐れている売春婦の場合である。男は、もちろん彼女の現在の社会的属性を見抜いて、その話を故郷にもちかえることになるだろう。[58]この場合彼女の部屋は彼女が客待ちする通り（her beat）同様に悪評が高まり、彼女自身がそこに住む骸骨、すなわち外聞を憚《はばか》る秘密（the skeleton in the closet）になるのだ。もはや実際には交際していない人びとにわれわれが抱くこの種の感情的なかかわりは、〔われわれが〕不道徳な仕事をしているとき、受けなければならない罰の一つなのである。それは、新聞に写真の出ることをきらうのは銀行家ではなくして、浮浪人《バム》だ、というR・E・パークの言葉にも示されている。これは故郷の人には知られたくないという気遣いから生ずる一種の慎重さなのである。

ある文献によれば、越境には一種の自然の周期があることが指摘されている。[59]この周期は、越境している者が自分では最後まで気づかずにいる越境から始まって、そこから、越境しているが越境の途中と知って愕然とすることのある無意図的越境へと移り、さらに〈面白半分の〉越境に至り、社会生活における常態とは違った期間、たとえば休暇、旅行中の越境、常態的日常的場面、たとえば仕事、公共施設での越境、最後に〈蒸発〉――越境している者自身だけが知っている秘密である生活全域における完全な越境――に終る。注目に値すると思われることは、比較的完全な越境が努力して行なわれるときは、人は意識的に自分自身の通過儀礼を準備するというようなことである。たとえば他の都市へ行き、選んでおいた衣服とか化粧品などをもち込んで数日間部屋に閉じ籠り、それから蝶のようにまったく新しい羽を試すために外に出る、という具合にである。[60] いうまでもなく、どの段階でも周期を中断することも、周期の始点に戻ることも可能なのである。

たとえこの段階では右のような周期について確信をもって述べることもできず、またある種の信頼を失わせる属性は、右の周期の最終段階とは両立しないと指摘することが必要だとしても、少なくとも越境先に浸透するに際しては安定点をいくつか見出すことはできるはずである。ともかく確かなことは、一方の極の一時的無意図的な越境から、他の極の定型化した意図的全面的な越境まで、越境の範囲はかなり広範囲にわたっているということである。

すでにスティグマのある人の学習過程には二つの段階があることが指摘された。まず常人の視角を習得《ラーン》し、次にその視角より見て彼が失格していることを理解《ラーン》するという二段階である。恐らくこの次は、彼が正しくその種の人間であると証明された種類の人間を他人が処遇する仕方に適応することを学習《ラーン》するという段階である。さらにその後には現在の私の関心事、すなわち越境を会得《ラーン》する段階がくる。

特異性が比較的人目につかないとき、人は秘密を委ねることができるのは事実上自分自身だけだということを理解《ラーン》しなくてはならない。自己の観察者たちの視角は注意深く考慮されなくてはならないが、不安のあまり観察者たち自身が実際に観察している以上のことを忖度《そんたく》してはならないのだ。自分自身が知っていることは何もかもすべて他人も知っているという感情を最初はもっていても、しばしばこれが実は真実ではないという事実に即した認識をもつようになる。たとえば伝えられるところによるとマリファナ喫煙者は、マリファナに酔っているときにも彼らをよく知っている人たちの面前でその人びとに何も疑われずに振舞えるとき、右の事情を徐々に理解するようになるという。この理解に、非常習的使用者を常習的使用者に変えてしまう力があるのは明らかだ。[61] 同じようなことであるが、たったいま処女ではなくなった娘たちが、このスティグマがどこかに現われてはいないかと鏡をのぞいて調べてみて初めて、自分たちは事実以前と少しも変わってはいないと徐々に信ずるようになったという記録もある。[62] これと類似したものに、生まれて初めての同性愛の経験をもったある男性の例があげられる。

「後にその事［彼の初めての同性愛の経験］で、あなたは苦しみましたか?」と、私は尋ねた。

「いいえ。誰かに知られやしないかと気になっただけです。私を見て、父や母が気づくのではないかと心配しました。けれど彼らはいつもと変わらなかったので自信をもち、もう大丈夫と感じ始めたのです。[63]」

秘密の特異性をもつ個人は、日常生活の毎日、毎週反復される諸局面《デイリー・アンド・ウイクリー・ラウンド》〔以下、日常生活の反復的諸局面〕において、社会的アイデンティティを変えて、三つの違った場所に出入することができるといってもよかろう。第一は、彼がその一員であることが証明されている種類の人びとには禁じられており、露顕すれば追放されるような禁じられた場所、すなわち域外の場所である――追放はどの関係者にもしばしば非常に不愉快な不測の事態であるので暗黙の協調が行なわれ、不愉快な事態はあらかじめ回避されるのである。侵入している者はあまり深く隠し立てせず、正当な権利に基づいて出席している者は、〔侵入者のいる〕事実を受け容れる〔という形で〕いずれの側も相手が侵入の事実に気づいていることを知っているけれども協調するのだ。〔第二は〕、公共の場所である。〔そこでは〕ある属性をもった個人の同類が彼の同類であることが分かると、事実はどちらかといえば〔参加〕資格が無いに等しくても、通常の仕方で受け容れられる資格がある者でもあるかのように、丁重にときには非常に骨折って処遇されるのである。第三に、ある属性をもった個人の同類が、スティグマを見せたままで過ごしそれを隠す努力の必要はなく、また〔常人も〕協調的に知らぬふりをする努力を必要以上にしなくてもよいような日蔭の場所がある。この種の免許は同一のスティグマ、あるいは類似のスティグマ、のある人びとを仲間に選んだことから生ずる場合もある。たとえば謝肉祭は、身体的にハンディキャップのある雇人に、彼らのスティグマが比較的問題にならないような世界を与える、といわれている。[64] また共通のスティグマに基づいて人びとが自分の意志に反して行政的に集められた結果、日蔭の場所が他動的《インヴォランタリ》に造り出される場合もある。人が日蔭の場所に自発的に参加するにせよ、他動的に参加させられるにせよ、その場所は独特の陽気な雰囲気を現出し易い。ここでは人は自分の仲間の間にあって気楽にできるし、また彼が自分の同類ではないと思っていた知己が、実は自分の同類であることを発見したりする。しかし以下の引用が示唆するように、どこか別の場所で知り合った常人が万一その場に登場すると〈隠れた〉スティグマをもつ者はたちまち信頼を失う危険に晒されることもあるのだ。

ある十七才になるメキシコ系アメリカ人少年が、裁判所によって知的に障害のある者として、〔知的障害者のための〕病院に入れられた。彼はこの決定につよく反対して、自分にはどこも異常なところはないのだから、〈自分に相応した《リスペクタブル》〉ところである少年院に行きたい、と申し立てた。病院に来てから数日たったある日曜日の朝、彼が他の患者たち数人と一緒に、教会に連れて行かれるところであった。運悪く彼のガール・フレンドがその朝、彼女の友人と病院に来ていた。友人の弟が入院していたのである。彼女は少年の方に向かって歩いていた。彼が気づいたときには、彼女はまだ彼のいることに気づいてはいなかったし、また少年としても、見られたくはなかった。彼は向き直って、できるだけ足早に逃げたが、少年が狂暴になったのだと考えた看護人たちに捕まえられた。この行動について尋ねられ、ガール・フレンドは自分が〈阿呆《ダミーズ》の入る所に〉いるとは知らないのだ、と少年は説明した。この病院に患者としているところを見られるという屈辱に、彼は我慢ならなかったのだ。[65]

仲間が集まっている界隈《ビート》も、売春婦には右と同種の脅威となる。

［ある女性の社会学者の話］ハイド・パークの大通りを探訪したときに、私が経験したことは、この種の社会的場面にある次のような側面であった。人気のない歩道とそこを一見それと分かる目的をもって歩いている女性たちのなかにおかれると、私がそこへ何をしに行ったかは、誰にも一目瞭然とされるのだった。そればかりか売春婦たちはこの界隈が彼女らの借り切った場所であることを、私に否応なく気づかせたのである——つまりそこは彼女たちのために予約されていて、ここに足を踏み入れようとした者を誰でも、この土地の風に染めずにはおかないのであった……[66]

このように個人の世界は、禁断の場所、公共《シヴィル》の場所、日蔭の場所に分割されているので、それぞれの場所に応じて彼が情報戦略をどのように選択しようと、スティグマを人に示すこと、あるいは人に隠すことから生ずる犠牲の程度、またスティグマが人に知られること、あるいは知られないこと、の意味も異なってくる。

個人の世界は、彼の社会的アイデンティティによって空間的に分割されているが、同時にまた彼の個人的アイデンティティによっても分割されているのである。よくいわれるように、個人が他人と個人的な面識をもっている場所がある。つまりそこに居合わせる人たちのなかに、彼と個人的な面識のある人がいるか、あるいはその場を取り仕切っている人（ホステス、頭株《メートル・ド》の人、バーテンダー、その他同種の人びと）が彼と個人的に面識があるか、いずれの場合も彼がそこに滞在したことがあとに証明されることは確実である。次にある程度の確信をもって個人的に面識のある人に〈出くわす〉《バンプ・インツー》ことはないと期待できるか、また個人的面識はなくとも多くの人びとが知っている著名な人物とか、悪名高い人物が経験する一種特別の不測の事態が発生しないようにしてあるので、匿名のままでいられること、誰にも問題にされないこと、を期待できる場所がある。たまたま個人的に面識のある人がいる場所に顔を出すことが、個人的アイデンティティにとって当惑を引き起こすか否かは、もちろん状況、ことに彼が〈一緒に〉いる人、次第であることはいうまでもない。

個人の社会空間（spatial world）は多様な区域に分割されているが、その分割は社会的アイデンティティおよび個人的アイデンティティの管理／操作に関係あるこれらの区域に固有の種々の偶発的与件に基づいて行なわれる。このことを考慮すると、パッシングの問題点およびそれに由来するさまざまな帰結のいくつかを、一段と深く考察することができる。この考察には部分的にではあるが、世俗の知恵と重なるところがある。すなわちパッシングに伴う不測の事態をめぐる忠告めいた話は、われわれが人びとに各自の現在の位置を守らせるために用いる教訓《モラリティ》の一部をなしている。

越境している者は思わぬときに、自己が信頼を失うことになる情報を明かす必要にせまられることがある。たとえば精神疾患者を夫にもつ女性が、夫の失業保険をもらおうとする場合とか、〈結婚している〉同性愛者が持家に保険をつけようとして、普通とは違う〔同性の〕受益者の選択を説明しなければならない羽目に陥る場合などがそれである。[67] 彼はまた〈深みにはまり込んで行く〉(in-deeper-ism) 苦しみ、言い換えれば、避け難い露顕を防ぐためにさらに嘘を重ねざるを得ない苦しみ、を味わう。[68] 彼の適応の手法自体が、他人の側の感情を傷つけ誤解を生むことになるのである。[69] ある種の無能/欠格 (incapacities) を隠そうとする努力は、かえって他の無能/欠格を呈示させることになるか、あるいはすでに現に呈示しているという外見を顕わすことにもなる。見えるふりをしている全盲に近い人が、椅子につまずいたりシャツに飲み物をこぼしたりする場合に顕われる不器用さ。難聴者が彼の障害を知らない人によってされた注意に反応しない場合に示す無関心、頑なさ、無表情、よそよそしさ《ディスタンス》。教師が生徒の癲癇の小発作《プティ・マル》を一時的白昼夢ととる場合の睡気。[70] 脊髄麻痺の男が自分の足どりがいつも誤解されていると気づく場合の酩酊。[71] ある越境している者が、常人が彼らの交際している者が越境している者であることに気づかないでいるとき、最初は知らないが中途でそれを知るに至り急に交際をしなくなるとき、このような場合、常人たちは彼の同類を〈本当のところ〉どう考えているのかを虚心に知ろうとする。そのとき彼は自分自身に関する情報がどの程度人びとに知れわたっているのか、分かっていないことに気づく。このようなことは、雇主あるいは教師が役目上、雇人あるいは学生のスティグマについて知っているような場合でも、他の人びとは知らないでいてよく問題になる。すでに指摘したようにこのような場合、秘密を嗅ぎつけそのことについて沈黙を守る理由をもたない者たちに、彼は種々の脅迫を受けることが起こり得るのだ。

越境している者は、また対面的交渉のさいちゅうにも、彼が隠そうとしている当の弱点、そこに居合わせる他人、あるいは客観的《インパーソナル》事情などによって〔越境の事実が〕露顕するという、昔からよくある重大な経験をすることがある。吃音者のおかれる状況がその一例である。

私たち吃音者は、どうしてもしなくてはならないとき以外は口を開かない。私たちは、この障害を隠しているが、それは普通は非常にうまくいっている。あまりうまくいき過ぎているので、不用意に突如として言葉が口から溢れてきて、出し抜けにしゃべりだし、騒々しい物言いになり、顔をしかめ、むせ返る、やっと発作が止み、眼をあけると、惨憺たる有様で、親しい者もびっくりすることがあるぐらいである。[72]

大発作（*grand mal* seizures）を起こす癲癇症の人の例はいっそう極端である。彼は意識を回復したとき、公道に横たわり、失禁し、呻き、痙攣的に手足をぴくつかせていたことに気づく——健全性への信頼を失う（the discrediting of sanity）のである。わずかにこの出来事のさいちゅうに、意識を失っていたという点だけが彼の気安めになるに過ぎない。[73] ここで私が付言しておきたいことは、スティグマをもつ人びとの仲間の言い伝えにも、当惑を覚える〔秘密の〕露顕をめぐる教訓めいた話がいくつかあり、またおおかたの人たちが自分たち自身の経験からいくつか例を引くことができるらしい、ということである。

最後に、越境している者は彼の秘密を知りそれまで彼が欺いていたことを咎めようとしている人びとに、対決を迫られることがある。この可能性は公的に制度化さえされている。たとえば、精神鑑定をめぐる公聴会とか、あるいは、次のような場合である。

ロンドンの高級住宅地《メイフェア》の女であるドーリーンのいうところによると、法廷に出頭することは「そのこと〔すなわち売春婦としての生活〕のうちで、一番いやなことなの。扉をあけて入るとみんなが待っていて、こっちを見つめているわ。私は下を見たままで、右も左も見ないの。するとずい分といかめしいことをいうのよ。『通常の売春婦であるので……』なんてさ。ふるえあがっちゃうわ。誰が法廷の後の席で見てるのかも分からなくなるわ、『有罪を認めます。』っていって、できるだけ早く外へ出るの。[74]」

同憂同苦の仲間（あるいは事情通）が居合わせると、パッシングは特別な偶発的与件を具えるようになる。というのはスティグマを隠すのに使われる手法自体が意図とは逆に、事の内情に通じている人には真相を伝えることになるからである。類（あるいはそれに近い人びと）は類を知るのである。

「あなたどうして脊柱指圧法をやってみないの？」と彼女［たまたま知り合った人］がコーン・ビーフを食べながら、私に尋ねた。私の世界をめちゃめちゃにぶちこわそうなどという気配は、彼女には全然なかった。「フレッチャー先生は、耳の悪い患者を治療してるところだっていってたわ。」

私の心臓は、驚きのあまり、しめつけられた。彼女は何がいいたいんだろう。

「私の父は難聴者なの。」と彼女は打ち明けた。「どこでも、私は難聴の人をすぐに見つけることができるわ。あの柔らかなあなたの声。あの句切りをのばして終りまで言わないあなたの話し方。父はいつもそういう話し方をするわ。[75]」

このような偶発的事件は、人が同類に遭遇したとき感ずる既述の両価的感情を説明するのに役立つ。B・ライトは次のように指摘している。

……自分の障害を隠したいと思う人は、他人のなかに、障害を顕わにしている癖を〔すぐに〕認める。そればかりではない。彼は障害の存在を人に告知しているこのような癖を忌々しく思うのが普通である。というのは、彼が自分の障害を隠そうと願う場合、彼は仲間たちも彼らの障害を隠して欲しいと思っているのである。このようなわけで、難聴を隠そうと努力している人が、耳の後に手を椀のようにあてる老婦人を見ると、いらいらしてくるのである。人目を惹く障害は、彼にとっては一種の脅迫である。というのはそれは、自分自身の障害も露顕するのではないかという不安はもちろんのこと、彼自身と同類の者たちを物笑いの種にしたという罪悪感をかきたてるからである。彼としては、仲間の秘密は気がついても相手にそれと知らせずに、互いに〈擬装の《アズ・イフ》〉役割を演技するという紳士協定を維持するほうが、自分の秘密を打ち明けて相手に自分の擬装に注意を促すことより望ましいと考えているのである。[76]

アイデンティティに関する情報の制御は、〔人間〕関係に特別な意味をもっている。人間関係の成立には共に過ごす時間が必要である。しかし他人と過ごす時間が長ければ長いほどいっそう、その相手が自己の面目を失わせるような情報を握る機会は増える。さらにまたすでに示唆したように、あらゆる人間関係はその関係への参加者たちに、信頼と相互委託の証拠として自己に関する適当な量の内密の事実を交換することを余儀なくさせる。したがって、個人が相手に何か隠さざるを得ないようになると、それ以前にできた親密な関係は傷つけられ、自動的に、相互に共有する情報は不完全になる。新たにできた関係、すなわち〈スティグマをもったあとの〉(post-stigma) 関係は、信頼を失う事情のある人に、秘密は明かすのを差し控えたほうが自分への信頼を保つのにはよいはずと自分が感じている限度を、越えさせてしまうことがよくあるのだ。しかも場合によっては、非常に束の間の関係でさえも、危険なことがある。というのはちょっとした会話を始めた未知の人同士に相応しい話題でも、秘密の欠点にふれることがある。たとえば性的に不能な夫をもつ女性が、子供は何人あるか、と聞かれ、無い、と答えると、どうしてなのか、とつづく質問に答えなければならないときなどである。[77]

パッシングという現象は、つねに越境している者の心理状態に関する問題に注意を向けさせてきた。第一に想定されることは、越境している者は必然的につねにいつ崩壊するか分からない生活を送っているという点で非常な心理的負担、すなわち非常に大きな不安を負わざるを得ないということである。精神疾患の夫をもつある女性の述懐がそのことを物語っている。

……ジョージが病院から帰ってから、万事好転したように思います。でも、誰かが、そのことを彼のいるところでいおうものなら、それで万事一巻の終りです。私は毎日そのことで冷や冷やしています——本当に冷や冷やものですわ。[78]

越境している者たちを綿密に調べてみると、この種の不安は必ずしもつねに発見されるとは限らないのではないか、またわれわれの常識的な人間理解はこの点で非常に誤っているのではないか、と私は考えている。

第二に、よく想定されまた証拠もあることは、越境している者が違った集団への所属感に引き裂かれていると感じている、ということである。越境する者は新しく所属する〈集団〉に疎ましさを覚えることがある。というのは彼は自分の本来の姿と自覚しているものに対する彼らの態度に全面的に同調することができないのが通常だからである。[79] しかも彼が従来所属していたカテゴリーに対して向けられた、新たに所属しようとしているカテゴリーの構成員による〈攻撃的〉な言及に反対できないとき——ことにこの攻撃的言及に同調しないと危険だと感じたとき——恐らく彼は不実と自己嫌悪の感情に悩むであろう。信頼を失う事情のある者たちは次のようにいっている。

〈性同一性障害者〉(queers)に関する冗談が交わされるとき、私は他の連中に調子を合わせて笑わなくてはならなかったし、話が女におよぶとき、私は自分の女性征服物語をでっちあげなくてはならなかったのである。こんなとき、私は自己嫌悪を感じた。しかし他にどうすることもできそうになかった。私の全生活は嘘のかたまりであった。[80]

［友人たちが］オールド・ミスのことにふれるとき、ときどき出す声の調子を聞くと、私は冷やっとした。というのは、私は表向き既婚女性ということになってはいたが、実は既婚者たちが軽蔑するような眼つきで見る状態〔未婚〕にあったので、人を欺いているように感じたのであった。同時に私は未婚の同性の友人たちに対して自分が不実だとも感じた。彼らはそういうことを話題にはしなかったが、多少は好奇の目で私を見、私が実際にはしていない結婚生活をうらやんだのである。[81]

第三に想定されることは、これは明らかに正しい想定であるが、他人が何も仕組まれておらず、また配慮されてもいないものとして扱うような社会的場面に伴うさまざまな局面に、越境している者は敏感でなくてはならない、ということである。常人には考えずにできる機械的所作であるものが、信頼を失う事情のある者には周到に管理／操作しなくてはならない問題であるのだ。[82] そういう問題はつねに過去の経験の助けを借りて処理できるものではない。というのはつねに新しい不測の事態が生じて、従来使って来た秘匿の手だてが不適当なものになってしまうからである。したがって秘密の欠点をもつ人は社会的場面に細心の注意を払い、しかもいろいろの可能的事態を一瞬のうちに見てとらなくてはならないのである。そこで彼の周囲の人びとが生活しているようなずっと単純な世界とは疎遠になりがちである。常人には地であるものが、彼にとっては図なのである。ほとんど失明に近いある若者が一つの例を提供している。

私は二十杯以上ソーダを飲み映画を三度見る間、自分の眼が悪いことをマリーに気づかれないように工夫した。それまでに習い覚えた手だてはどれもこれも全部用いた。私は毎朝、彼女の着ている物の色にとくに注意を払った。それから眼も、耳も、第六感も動員して、マリーらしい人には誰であれ注意した。冒険はしないようにした。それが誰であるかはっきりしない場合でも、親しさをこめて挨拶した。彼らは恐らく私の気がふれていると思ったことだろう。それでも平気だった。私は夜、映画の行き帰りに必ず彼女の手をとった。彼女はそれとは知らずに、私の手を引いてくれたのである。したがって私は舗道の縁石とか、階段を足で探らなくてもよかったのである。[83]

他人がいるところでは小便のできない〈尿道狭窄〉の少年が、この障害を秘密にしておきたくて、他の少年たちが単純に男の子として振舞えばすんでいる場合、色々と工夫をし、細工もし、隙なく構えなくてはならないことを明らかにしている。

十才になって寄宿制の学校《ボーディング・スクール》に入ったとき新しい困難が生じ、その困難を処理する新規の手だてを見つけなくてはならないことになった。一般的にいって、〔自分が〕小便をしたいときに〔一人で〕するのはそれほど大したことではなく、尿意はあっても〔他人がいるところで」するのは一仕事であった。私は他の少年たちには自分の障害を隠しておくことが必要だと感じた。いうまでもないことだが、寄宿制予備校《プレップ・スクール》*にいる男の子にとって最悪の事態は、どんな点にしろ〈他人とは違っている〉ということである。それで友だちが手洗に行くときは、私も一緒に行った。そこでは仲間が自然に振舞い、壁に小便を飛ばしてどこまで高く届くかを互いに競い合うときの活達さに対する羨望がいっそう強くなること以外は、これという出来事は生じなかった。（できれば私もやりたかったのである。しかし誰かが私に挑戦してくると、いつも〈丁度終った〉ところだ〔と答えた〕。）私はいろいろな策を用いた。一つは、手洗に人の少ない授業中に行かせてもらう手であった。他には、夜、目を覚していて同室の者が寝静まったとき、あるいは暗くて人に見られる心配のないとき、寝台の下の尿瓶《しびん》を使うという手もあった。[84]

吃る人たちの不断の用心からもわれわれは〔同様のことを〕知るのである。

　私たちはさまざまの巧妙な手だてをもっていて、自分たちの障害を隠したり、小さく見せたりする。私たちは仲間のいわゆる〈ヨナ〉**の音、あるいは〈ヨナ〉の言葉を予期する。ヨナとよばれているのは、それらの音、あるいは言葉は不運で〔私たちに呑み込まれたままであるが〕、鯨が楽に〔ヨナを〕吐き出してしまうのを私たちが羨んでいることによるものである。私たちはそれができるところでは、〈ヨナ〉の言葉を使うのを避け、その代わりに私たちが恐れていない言葉を用いるか、あるいは急いで考えをずらす。挙句の果ては話の続き具合が、一皿のスパゲッティのように、複雑に混線したものになってしまうのだ。[85]

また、ある精神疾患者の妻からも同様のことを知る。

隠すことは煩わしいことがしばしばだ。たとえば夫の病院を近所隣の人たちに隠しておくために（以前に、彼がガンの疑いがあるので入院している、といってあるので）、G夫人はアパートに大急ぎで帰り、近所の人たちが彼らの間の習慣に従って、郵便物を取っておいてくれる前に、取り出さなくてはならなかった。〔また〕彼女は近所のアパートの婦人たちと一緒にドラッグ・ストアで二度目の朝食《セカンド・ブレックファースツ》はしないでおく。彼女らの質問を避けたかったのである。〔さらに〕自分の部屋に訪問客を招じ入れる前に、夫の病院が明らかになるようなものは何でも取り片附けておかなくてはならない。その他、類似の事態がいろいろある。[86]

同性愛者の例

家族の者や、友人たちを欺く重荷は、しばしば堪え難いものになった。私は自分の話す言葉や、動作の一つ一つを、注意しなくてはならなかった。自分の秘密を洩らさないように。[87]

同様の注意は、結腸切除者の間にも例がある。

「私は決して近所の映画館には行きません。どうしても行く場合には、ラジオ・シティのような大劇場を選びます。そういうところは席が沢山ありますから、最後列に坐ることができます。そういう席からはガスがたまっても、手洗に飛んで行くことができます。[88]」

「バスに乗るときは、万一の場合を考えて席を選びます。隅か、扉の近くの椅子に坐るのです。[89]」

このような場合はすべて、特別なタイミングが必要とされる。すなわち実際に、〈束縛されて生きる〉——シンデレラ症候群——のである。つまり信頼を失う事情のある人は、自分の擬装を繕い直すことができ、擬装を一時的にぬぐことができる場所の近くにとどまるのである。彼は修理ステーションから、自分自身に関する情報を人に洩らさずにすぐ帰りつくことができる程度にしか離れない。

人工肛門《イリゲーション》およびその処置は汚物の溢れ出るのを防ぐための基本的装置であるが、同時に非常な感情的意味をもつ手当であるので、結腸切除者は、外出や対人交渉の予定を次のイリゲーションまでの時間と何時まで有効かという観点で組む。外出は通常イリゲーションをして家を出て、再び次のイリゲーションが家でできる間に往復できる距離に限られているし、対人交渉は汚物が溢れ出るとかガスが出るのを心配せずにすむイリゲーションとイリゲーションの間の最大限の時間内ですまされる。したがって患者は〈束縛されて〉生きている、すなわちわずかにイリゲーションの間の時間のなかで生きているのである。[90]

最後の問題を考察しよう。すでに示唆したように、スティグマをもつ子供は特別な仕方で越境することがある。自分の子供のスティグマの状態を知っている親が、子供をカプセルに入れ、家庭的庇護を加え、彼に将来当然生ずる問題を知らせずにおくことがある。したがって子供が家の外に出たときには、少なくとも彼のスティグマが即刻人目につかない限りでは、彼は意識的努力をしないで越境する者となるのである。この場合、彼の両親は情報の管理や操作をめぐって一つの基本的ジレンマに直面し、ときとして医師に戦略の指導を依頼する。[91]〔一面〕学齢期では子供は自分の状態について知らされて、その情報に堪えるほどに心理的に強くはないかも知れないし、さらに〔この年齢では〕無雑作に知らせる必要もない人びとに彼自身についての事実をいろいろ明かしてしまうということもあろうと思われる。また他面あまりに長い間にわたって〔自分の状態を〕知らされないままにしておかれると、彼の身に先々当然起きるはずのことを準備のないまま迎えることになろうし、その上さらに建設的で希望をもてる光の下で事実を呈示するのに、必要な時間をかけまた配慮もするだけの理由を何一つもたない見ず知らずの人から、自分の状態について〔残酷な仕方で〕知らされることにもなるのである。

情報制御のさまざまな手法《テクニークス》

先に指摘したように、個人の社会的アイデンティティは、彼の交際する人びとの世界や場所を分割しており、違った仕方ではあるが彼の個人的アイデンティティもまたこのような分割を行なっている。スティグマをもつ特定の人の日常生活の反復的諸局面《デイリー・ラウンド》、すなわち仕事の場所、生活の場所、買物の場所、レクリエーションに参加する場所などの間を往復して行なう生活を研究するにあたって、われわれが用いなくてはならないのはこのような〔分割によって生ずる〕多様な準拠枠である。この際中心的な概念は日常生活の反復的諸局面である。というのは日常生活の反復的諸局面こそ個人をいくつかの社会的場面に接合するものにほかならないからである。そこでわれわれは日常生活の反復的諸局面を、特別な展望を心に留めて検討する。われわれが求めているのは、個人がすでに信頼を失った者である場合は失った信頼の程度に応じて社会的受け容れをめぐって彼が日常生活において反復して直面するもろもろの制約であり、個人が信頼を失う事情のある者である場合は隠している事情の程度に応じて自己に関する情報を管理／操作するにあたって彼が直面するさまざまな偶発的与件である。たとえば顔に傷痕のある人は、察せられるように、自分の近所隣の人たちには徐々におぞましいと感じさせなくなると期待してよいはずであり、またそのようなときがくるとある程度は人びとに受け容れられるようになるはずである。このとき同時に傷痕を隠すために着用していたさまざまの小道具は、彼が現在住んでいるところでは、彼を知っている人のいないところとかまた知己はいても厚遇されることのないようなところに比較して、効果を発揮しなくなる。

　ここで、秘密の欠点をもつ人が、自己に関する重要な情報を管理／操作するに際して使う通常の手法のいくつかを考察しよう。

　明らかに第一の戦略は、スティグマのシンボルとなっているさまざまの記号を隠すか、その痕跡をなくしてしまうことである。変名はよく知られた例であるが[92]、麻薬依存症者は別の例を示している。

> ［ニューオーリアンズのある麻薬追放運動でのこと］警官たちは麻薬中毒者を路上で引き止めて、彼らの腕の注射痕を調べ始めた。警官たちは痕を見つけると、強制的に中毒者に自己の状態を認める調書に署名させた。こうすれば彼を〈麻薬中毒法〉に基づいて告発できるからである。中毒者には有罪を認め新法を発効させるなら、執行猶予にするという約束が与えられた。中毒者は腕以外の場所に注射をする静脈を探し求めた。当局が彼の身体に注射痕

をどうしても見出せなければ、赦免してくれるからである。もし注射痕があれば、七十二時間拘留して、調書に署名させようとしたのである。[93]

注意しなくてはならないことは、ある種の障害に伴う〈元《プライマリー》の〉傷害を軽減するために使用される物理的装置は、〔それ自体が〕スティグマのシンボルになるから、それを使用したくないという気持も生ずる、ということである。一例をあげると、視力が衰えてきても老いを知られたくないばかりに、二重焦点レンズの眼鏡をかけたがらない人がいる。しかしいうまでもないことだが、こういう戦略は代替措置の役を果たさないことがあるのだ。つまり調整装置を人目につかぬようにすることは、二重の機能をもつことになる。難聴の場合を見ると、人目を惹かない調整用具の使用の具体例が分かる。

メアリー叔母さん〔難聴の縁者〕は、最初の頃に出た補聴器、いろいろ変った耳用ラッパをよく知っていた。彼女は、そういう補聴器が、帽子、飾り櫛、水筒、ステッキなどにどんな風に組み込まれているか、また肘掛椅子、ダイニング・ルームのテーブルにおかれた花瓶、果ては男性のあごひげのなかにどんな風に隠されているかを示している写真をたくさんもっていた。[94]

もっと最近の例は〈分からぬように二重焦点をすりあげたレンズ〉すなわち〈境目〉の見えない二重焦点レンズである。

スティグマのシンボルを隠すことは、それに関連ある過程、すなわちアイデンティティを混乱させるものの使用と平行して生ずる。これは英国の最初の常勤の職業的絞首刑執行人のジェイムズ・ベリーのとった措置にも明らかである。

ベリーに暴行を加えようなどということが実際に企てられたか否かははっきりしない。しかし彼が街頭で人びとから受ける扱いは、彼の側でできる限り人に知られないよう充分に注意をするというほどの〔芳しくない〕ものであった。あるインタヴュアーに彼が語ったところによると、何回かのアイルランド旅行に際して、綱や平紐を自分の身の廻りにおかずに隠しておいた、ということである。そして小さな黒鞄がヴィクトリア朝時代の医師の職業を示すいわば商標であったように、グラッドストン式鞄が彼の職業のそれになっていたので、その鞄で自分の仕事が分かってしまうことのないようにしたのであった。彼の孤立感と出会う人みんなに嫌われているという感情は、恐らく彼がアイルランドに死刑執行に出掛けるときに、夫人と息子を同道したという異常な挿話を理解する鍵である。彼の説明は自分のアイデンティティを晦《くら》ますためにそうしたのだ、ということであった。何故なら——彼は正しく推測している——十歳ぐらいの男の子の手を引いて歩いている男が、死刑執行人で、殺人犯の絞首刑執行に行く途上にあるとは、まさか気づく人もいないだろうからである。[95]

ここで扱っていることは、スパイ小説が〈擬装《みせかけ》〉（a cover）といっているものであり、別のタイプの文学作品が、男の同性愛者と女の同性愛者がその性向を抑えて結婚する場合の夫婦にできる精一杯の務めとして描く事情と同種である。

ある施設に滞在するうちに個人にスティグマが付与され、その施設を出た後もしばらくは、彼の信用を失わせるような影響力をもっている場合でも、パッシングの成立する一定の範囲を期待できる。たとえばある精神病院での調査から分かったことであるが、[96] 社会復帰する患者は、往々ある程度越境することを計画している。社会復帰指導員、社会福祉司、職業紹介機関などに依存せざるを得ない患者たちは、仲間の間でもしばしば彼らが直面するさまざまの不測の事態、ならびにそれらに対処する基本的な戦略などをしばしば検討し合っていたのである。〔退院後に〕最初の仕事につく場合、公式の手続きで就職すると、どうしても雇用主、それに恐らく人事係にスティグマのことを知られざるを得ないであろうが、しかし組織の底辺の人びとや仕事仲間にはつねにどうにか知られずにすますことができるのである。〔右の事情に〕すでに含意されているように、このような状態にはある程度の不安が含まれている。というのは事情を〈知っている〉のは誰で、知らないのは誰か、また知らない人たちはいつまで知らずにいるか、確かなことは分からないからである。患者たちは、この種の紹介された仕事に半年ぐらい、つまり幾らかの金を貯め、病院に関係ある機関から離れることができるようになるくらいの期間務めると、仕事をやめて半年間の勤務記録を基にして、どこか他所に仕事を見つけたくなる、という気持ちを表明していた。新しい職場では、そこに働く人たちはみな、彼が精神病院にいたことがあるなどとは知らない、と彼らは信じているのである。[97]

越境する者の使う別の戦略は、スティグマとして扱われる欠点の記号を、何か他の属性、すなわちスティグマとしてはあまり重大ではない属性の記号として人に示すことである。たとえば知的障害者たちが、精神疾患者として越境しようとすることがよくある。これら二つの社会的に好ましくない状態を並べると、精神疾患のほうがまだしもとされているからである。[98] 同様に、難聴の人は意識的に自分の行動を演出して、自分が白昼夢を見ている人間、放心している人間、物事に関心がなくすぐ退屈する人間、果ては夢現《ゆめうつつ》の状態にある人間、あるいはいびきをかいて眠っているのだから低い声の質問は聞こえない人間という印象を他人に与えるようにする。このような性格的な特徴を見ると、〔他人は〕聴力に障害があるので聞こえないのだとは思わずに、聞き損いの理由をみつけてくれるのである。[99]

信頼を失う事情のある人びとの間で非常に広く用いられている戦略に、世界を二分して、何も告白をしないでおく多人数からなるグループと、いっさいを告白しさらにその援助に依存する小人数からなるグループに分けて、自分の危険に対処するというのがある。彼は自分の仮面を守るために、普通ならば〔かえって〕きわめて大きな脅威となるかも知れない人びとを選ぶのだ。スティグマをもつようになったときにすでに親しく交流していた人びとの場合、静かに秘密を告白してただちに〈この関係を更新する〉こともあるだろう。そこでもし斥けられたとしても、彼は見事に告白した人間としての立場を確保することになる。興味深いことであるが、この種の情報の管理／操作はよく医学関係者たちに支持されている。ことに彼らが患者に彼のスティグマのことを最初に告知する役をしなくてはならない場合に。ハンセン病を発見した公衆衛生担当医は、新しい秘密は医師、患者、家族の者たちの間に留められるべきだ、と指示するであろう。[100] この裁量が行なわれるのは恐らく当の患者から以後引き続き協力を確保するためである。当然告白すべき時点をとうに過ぎてしまって〔まだスティグマを隠している〕スティグマを得たのちの交渉関係の場合、信頼を失う事情のある者は、告白の場でそれまで告白しなかった〔不正直に〕釣り合う程度の大げさな愁嘆場を演出してみせ、二重に暴露された者としての自分を相手の慈悲の手に委ねるのである。二重に暴露されたというのは、第一は彼の異常が暴露されたことであり、第二は彼がそれまで相手を欺いていた不実と信頼に値しないことが暴露されたことである。このような感動的な場面については見事な記録があり、[101] それらの記録は大へんな量の〈忘れよう - お許し下さい〉（forget - forgiveness）物を理解する必要を思い起こさせるのである。このような告白の成功率〔を高める〕一因は、〔秘密を〕隠している者が〔秘密を〕隠されている者に、告白はそれまでの関係を完全に破壊せずに確実に受け取ってもらえる、とあらかじめ嗅ぎつけた上で、実行するという傾向である。注意して欲しいのは、スティグマのある者は、このような場面にいわば運命づけられているということである。というのは新しく成立した交流関係は、それが確立されるまでは簡単に解消され易いので、関係が成立してすぐ正直に告白することは必ず大きな損失を招く、したがって通常〔告白は〕避けられ〔先に延ばされ〕るからである。

上述のことに含意されているように、脅迫できる立場にある者は多くの場合また、非難に値する人物が秘密を維持するのを助力する立場にもある。それればかりかむしろ、彼は助力するいろいろの動機をもっていることが多い。このようなわけで、避暑‐避寒地の施設の支配人たちは、このような場所に滞在したり、遊んだりする人目を忍ぶ既婚者たちに、庇護を与えるプライヴァシー優先を立前とする。ひもともときにこれらの支配人同様に非常に用心深い。

男たち〔ひも《ピンプ》〕は、かなり高級なホテルのロビーのある階の上に部屋を借りる。そうすれば彼らの顧客が、エレベーター・ボーイや、フロントの事務員に見られないで、階段を利用できるからである。[102]

彼らが組んでいる女たちにしても同様である。

客が著名な人であると、女たちは仲間同志の会話でも相手の身元を簡単には明かさないし、名前を口にすることもない。[103]

〈一流の〉娼家の女たちが使っている美容師の役割についても、われわれは同様の事実を知るのである。

実際、彼はひとりの技術者以上のものである。彼はその娼家の女たちひとりひとりの親友であった。〈チャーリー〉は他の人にはめったに明かされることのない個人の秘密を聞いて、きわめて常識的な忠告を与えたのである。その上ミシガン通り沿いの自宅で、チャーリーは家族の者や友人には職業を明かしていない女たち宛の手紙を受けとり、さらに彼の家は、突然シカゴへやって来た親族の者に、女たちが会うことのできる場所ともなった。[104]

他の例は、一方が何らかのスティグマのカテゴリーに属し、他方がその理解ある協力者であるような何組かの夫婦の場合である。たとえば、アルコール依存症者の配偶者は、彼が秘密を隠すのを手伝う。直腸切除者の妻は彼が臭わないことを確かめるために点検し、[105] さらに恐らく、

……家に留っていて、イリゲーションが中断されずにできるように、電話や玄関のベルが鳴るのに応答する……[106]

外見上は正常の聴力をもっているように見える婦人の夫は、次のような仕方で助けていた。

夫はとてもいい人なんです。互に愛し合うようになったそのときから、直感的に彼はどうやったら、私の不明な点を援護し、私の失敗を埋め合わせられるか知っているようでした。夫は明瞭なよく通る声をしていました。決して大きな声は出しませんでしたが、私には彼のいうことがよく分かりました。少なくとも彼は私が彼のいうことを理解していると私に思わせてくれました。他の人びとのなかにいるとき、夫は私がどんな具合か注意していました。私が困っていると、人目につかない仕方でその会話の流れに浮かびつづけることができるようにヒントを与えてくれました。[107]

付言しておきたいのは、親密な者たちは信頼を失う事情のある者の擬装を助けるばかりでなく、この役目を受益者が分かっている以上に遂行しているということである。事実、親密な者たちは彼の庇護者集団として働き、実際より以上に常人として充分受け容れられていると彼が考えるのを許容するのである。親密な者たちは当人自身が気づいている以上によく、彼の特異性や問題に気づいているのだ。この場合、スティグマの管理／操作をスティグマのある人と見ず知らずの人の間だけの問題とする考え方は、確かに不充分である。

興味深いことは、ある特定のスティグマをもつ同類の人びとは、越境するにあたって往々相互援助を当てにすることができるということである。この場合にもまた一番脅迫し易い立場にある人びとが、最大の援助をできる人でもある、という証拠がある。たとえば一人の同性愛者がもう一人の同性愛者に誘いをかけるとき、その行為は常人には何か異様なことが起こっているなどとは、分からないような仕方で遂行されている。

もしわれわれの観察が非常に注意深く、また〈ゲイ〉バーでは何に注意すればよいか知っているならば、明らかにある人びとが言葉を交わさず、ただ目くばせだけで互いに意思を疎通し合っているのが見え始める。しかしその目くばせは、通常男性間に生ずる素早い目くばせとは違っている。[108]

右に類した協調性が、相互に面識のあるスティグマをもつ者同士の仲間うちにも認められる。たとえば施設で互いに面識のあった精神疾患の病歴のある人びとが、仲間以外の者にはこの事実を巧みに隠しておくことがある。精神疾患で加療経験のある者が常人と一緒に居合わせるような場合、別の同類の人に行逢っても、互いにまったく未知の人たちであるかのように〈すれ違って〉やり過ごすのである。仮に挨拶を交わすことがあっても慎重に行なわれ、初めて知己になるにいたった前後のことは明らかにされず、その立場がとくに微妙である人には一別来の挨拶、それにつづく社交のペースを設定する権利が認められている。いうまでもないことであるが、これは元精神疾患者に限られない。

コール・ガールを職業とする女性には、顧客との関係を規制する掟がある。たとえばコール・ガールは公共の場所で顧客に出会っても、彼のほうが最初に声をかけるのでなければ彼女は決して彼に面識があるという気配を示さないのが慣例である。[109]

この種の配慮がされない場合、ときには面目を失った者が積極的な懲罰的行動をとることがある。それはたとえば、A・J・ライスの非行少年に関する論文に引用されている情報提供者《インフォーマント》の言葉に例示されている。

俺が結婚しようと思っている女の子と街を歩いていたとき、昔一度寝たことのあるゲイ野郎が車で通りかかって、俺に口笛を吹いて、「あら、あんた!」なんていいやがんだ。頭へ来ちまったぜ。そいで野郎どものたまってるとこへ行って、待伏せしたのさ。それからもう二度とあんなことをできねえようにぶちのめしてやったぜ。あいつらの仲間以外のところであんな真似させるもんか。[110]

当然予想されることは、戦略的に随時さまざまのタイプの距離をとるという手が、越境する者の間で採用される。この場合、信頼を失う事情のある者もすでに信頼を失った者も、理由こそ多少異なるとはいえ大体同一の工夫をする。親密になる前段階の交際を渋ったり、避けたりして、情報を告白する義務を逃れることもある。また、交際関係を疎遠にしておいて、確実に他人と共に時を過ごさずにすませることもある。というのはすでに述べたように、他人と過ごす時間が長ければ長いほど、秘密が露顕するような予期しない事態の生ずる機会は増えるからである。たとえば精神疾患者の妻たちがとっているスティグマの管理/操作にその実例を見ることができよう。

「〈事情を知った〉人びとを五人あげた後に」私はその他の友だちとの交際は止めました。前から住んでいたアパートを引越すことは人には知らせませんでした。そして誰にもいわずに、電話を解約したんです。こうすれば私とどうしたら連絡がとれるか、誰にも分かりませんから。[3]

勤め先の誰ともあまり親しくならないようにしました。夫がどこにいるのか人に知られたくありませんでしたから。万一仲良くなったりしようものなら、人は質問するようになるだろうし、私だってお喋りし始めるだろうと考えたからです。ジョーのことを知っている人が少ないほどいいだろうって思ったんです。[112]

また物理的な距離を保っておくことによっても、個人的アイデンティティを同定しようとする他人の意向を制限することができる。あるいは人口の流動の激しいところに住居を構えることによっても、他人が彼についてもつ継続的経験の量を制限することができる。また普段よく行くところから離れた場所に住み、生活誌を断片化して不連続《ディスコネクテッド》にすることも可能である。不連続にすることは、たとえば妊娠した未婚の娘が、出産のために州の外に出掛ける場合、あるいは小さな町に住む同性愛者が、ニューヨーク、ロスアンジェルス、パリなど比較的匿名で行動できるところへ行く場合のように意図的な場合もあり、収容された場所が郊外で日常の交際範囲から多少切り離されていることを知って喜んでいる精神疾患者の場合のように無意図的な場合もある。信頼を失う事情のある者が家のなかに籠もって、電話にも訪問にも応ぜずにいても、他人が彼に関してもっている生活誌に自分の汚点が記入されることになる大抵の接触を断つことができるのである。[113]

最後に残った可能性が考察されなくてはならない順序である。その可能性とはスティグマのある人が他人の容喙《ようかい》を一切許さないですませるような可能性である。彼は自発的に自分の正体を明かして、自分の置かれた状況を管理し操作しなくてはならない情報をもつ者から管理し操作しにくい社会的状況にある者に、つまり信頼を失う事情のある者からすでに信頼を失った者に、根本的《ラディカリー》に変容させてしまうことも可能なのである。ひとたび秘密のスティグマをもつ者が自己についての情報を人に告白してしまうと、スティグマのあることが周知の者（the known-to-be stigmatized）に許されていると先に指摘した適応行為のどれを行なうことも可能になるのはいうまでもない。これこそ自分の秘密を明かすという方針の賢明さを、部分的にではあるが説明するものである。

　秘密を明かす一つの遣り方は、秘密を抱えた人が自発的にスティグマのシンボル、すなわちどこへ行っても彼の欠点を人によく伝える非常に目立つ徴、を身につけることである。たとえば電池を使わない補聴器をつけている難聴者[114]、また折畳みの白い杖を好んで用いる半盲の人、またダヴィデの星〔✡〕をネックレスにするユダヤ人の女性がそれである。注目すべきことはスティグマのシンボルのあるもの、たとえばつけている人がカトリックであることを示すコロンブス騎士団*の襟章、は率直にスティグマを告白するものとしてつけられているのではなく、自分たちの間ではスティグマになるとまったく考えていない組織の成員たることをむしろ自らの意志で誇示しているのである。また次のことも注目すべきであろう。すなわちあらゆる種類の戦闘的な綱領にとっても、右のような徽章は役に立つということである。というのは自己をシンボルとしたがる人間は、自分の存在が、常人の社会から隔絶していることを〔これによって〕確認するからである。ニューヨーク在住のユダヤ教徒たちの一派が自己を呈示する仕方が、その例である。

オブゲヒーテネ・イーデン*すなわち〈ユダヤの衛士たち〉は、いわゆる超正統派のユダヤ教徒を含んでいる。彼らはシュルハン・アルーフ**をその細部に至るまで遵守するばかりでなく、その遵守の仕方はきわめて綿密かつ熱心である。彼らは規定された戒律、教訓を細心の注意を払って実行する。この人たちは一見すぐユダヤ教徒と分かる。彼らは外見からユダヤ教徒と分かるようにというただそれだけの目的で、あごひげをのばすか、特別の伝統的な衣服を身にまとうか、あるいはその両方を身につけている。あごひげをのばすのは「神の面影《イメージ》を彼らの顔に留める」ためであり、伝統的衣服をまとうのは彼らが「何らかの罪を犯さぬ」ためである。[115]

スティグマのシンボルは絶えず知覚に映るという性質をもっている。〔したがって〕右の仕方よりゆるやかに秘密を明かす方法が用いられる。束の間に証拠が——いわば故意のしくじり——それとなく示されたりする。たとえば盲人が、自分のスティグマを新しく知り合うようになった人に打ち明けるために、彼らの前で意識的に何か不器用なことを仕出かして見せたりする場合がそれである。[116]〈告白の作法〉ともいうべきものもある。これは欠点をもつ人が自分の欠点を割り切った態度《マター・オブ・ファクト・ウェイ》で認めて、一方ではそこに居合わせる人たちが、本心は彼の欠点に関心をもっていることを暴露してしまう羽目に陥らないよう気づかい、他方では全然そのようなことには関心をもっていないという彼らの擬装的態度を信じている様子を見せる公式である。このようなわけで〈よき〉ユダヤ教徒、または精神疾患の病歴をもつ人は、それまで面識のなかった人と会話をしているとき、〈適切な機会〉を見はからって、静かにいうのである。「そうですね、ユダヤ教徒なものですから、私にはこんな風に感じられるんですが……」、あるいは「精神疾患を直接経験した者として私にいえることは……」

すでに指摘した通り、越境するための学習は、スティグマのある人の社会化における一つの段階であり、彼の精神的経歴における転回点でもある。ところでいま私の指摘したいことは次のようなことである。すなわちスティグマのある人がパッシングなどという手段は考えず、もし自己の現在を肯定し自尊心をもつならば、自己の秘密を隠す必要はないと考えるに至るはずである、ということだ。努力して隠せるようになったものではあっても、隠さないですますこともできるようになるのである。まさしくこの点において自発的告白は精神的経歴に相応しく、経歴の諸段階の一画期となるのである。付言しておくべきことは、スティグマのある人びとの公表された自伝においては、精神的経歴のこの段階は、最終的に円熟し完全に適応をとげた段階――のちに私が考察したいと思う〔思慮深く節度のある態度が開く〕こだわりのない晴れやかな境地（a state of grace）――として記述されている、ということである。

擬装工作《カヴァリング》

これまでのところでは、管理し操作しなくてはならない緊張をもつすでに信頼を失った者の立場と、管理し操作しなくてはならない情報をもつ信頼を失う事情のある者との間には明瞭な一線が引かれていた。しかしながら、スティグマのある者が用いる適応の手法は一つなのである。そのため研究者としては右の二つの可能な場合を一つにまとめなくてはならない。〔ここには〕可視性と目立つことの相違〔という問題〕が含まれている。

〔多くの場合知られているか、あるいは一見して判然としているので〕スティグマのあることを率直に認めることのできる人びとは、率直に認めはしてもなおそのスティグマが人の目に大きく映らないように大変努力するということは事実である。彼の目的は緊張を解消しようということである。言い換えれば、スティグマにひそかに向けられた視線をそらし、自分自身にとっても他人にとっても打ち解けた雰囲気をつくり、〔両者が現に遂行している〕相互交渉の公式の主題に屈託なく没頭できる状態を維持し易くすることである。この作業に使われる手だては、パッシングの際に用いられるそれに酷似している――しかも場合によっては同一なのである。というのは当人を知らない人たちの目からスティグマを隠すものは、当人を知っている人たちにとってもまた事態を和らげてくれるものだからである。[117] このようなわけで、木製の義足で一番自在に歩き廻われる少女が人と一緒のときは、松葉杖、あるいは手の込んだしかし明らかに人工的と分かる義足を用いるのである。この過程を擬装工作とよぶことにしよう。滅多に越境しようとはしない人びとでも多くは、擬装の努力を日常生活の一部としているのである。
ある種の擬装工作は、工作をしている当人に彼のスティグマに間接的に関係する〔別のスティグマの〕標準に関心をもたせる。たとえば、盲人のなかには眼の近くに顔に傷痕のある人がいるが、この種の欠点の有無で盲人たちが仲間を分類することがあるのがそれである。盲目であることを人に知らせるために積極的に着用される黒メガネは、また同時に顔の傷痕を擬装するためでもある——つまり盲目《アンサイテッドネス》を明示して、醜貌《アンサイトリネス》を隠すという場合である。

盲人は、たしかに装飾的なものは身に何一つ加えずに、〔しかも〕自分の状態を十二分に人に知られるのである。視力を回復しようという戦いで、ただ敗北するばかりか、健全な様子までも失ってしまうという気分ほどに、盲人の立場の悲劇性をいや増すものを私は他に知らない。[118]

同様の意味で、盲目は身ごなしの不器用さという外見を生ずるので、適切な身のこなし、「つまり晴眼者の世界で〈正常〉と見なされるあらゆる動作における手ぎわよさ、優雅さ、暢達《のびやか》さ」を再度学習しようという特別な努力が払われよう。[119]
右に関連する種類の擬装工作に、スティグマの中心と見なされる欠点を人前に晒すことを控える努力がある。たとえば、居合わせる人びとが自分の欠点について知っているということを自覚していても、弱視の人は字を読むのをためらう。というのは読むには彼は本を目のそば数インチのところまで近づけなくてはならないからである。恐らく彼はそれではあまりにもむき出しに自分の視力の悪さを示すことになる、と感ずるのであろう。[120] この種の擬装工作は、少数民族集団に所属する人びとが用いる〈同化の〉(assimilative) 手法の一つの重要な側面であることに注意すべきである。変名するとか鼻の型を変えるという手だての背後にある意図は、ただ単に越境することだけを目指しているのではなく、周知の属性が際立ち人目につくのを押えようということである。人目につけば、スティグマに視線を向けられずにすむ気楽さを維持するのは、ますます困難になるからである。

擬装工作のなかでもっとも興味深い方法は、社会的場面の組織化に関連するものである。すでに指摘したように、意思疎通の作法と仕組《メカニックス》を直接阻害するものは何にせよ、不断に相互交渉過程に立ち現われ、心底から気にせずにすますことはむずかしい。そこでスティグマのある人びと、ことに身体的ハンディキャップのある人びとは、自分たちのスティグマが目ざわりになるのを最低限度に押えようという気持ちが多少なりともある場合、自分の〔不器用な〕身ごなしを改良するのにはどのような線に沿って改良しなければならないかを知るために、相互交渉過程の構造をよく理解しなくてはならないだろう。彼らの努力から、この種の努力がなければごく当然のこととして注意も払われずに終る相互交渉過程の諸相を、われわれは理解できるようになるのだ。

たとえば難聴の人は、その場に適当と聴き手が考えてくれるような程度の声の大きさで話し、また作法に適った交際を継続する気があるならば、相互交渉中にとくによく〈相手のいうことを〉聞きとらなければならない話の勘どころに取り組む用意もできていなくてはならない。

フランセスは自分の秘密を守り通すために、〈食事のあい間〉、演奏会の休憩時間、フットボールの試合、ダンスなどに対処する手の込んだ方法を考え出した。しかしそれらの方法はかえって彼女の不安を増しただけだった。そこでさらに彼女はいっそう用心深くなった。するとまた、いっそう不安は募るのであった。そうこうするうちにフランセスは次のようなところに落ち着いた。ディナー・パーティの席では、(1)声の大きな人の次に坐ること。(2)もし誰かが彼女に直接に質問したならば、むせ返るか、咳をするか、しゃっくりをすること。(3)彼女自身が会話の主導権を握ること、つまり一度すでに聞いたことのある話を〈知らないふりをして〉誰かに話してもらうこと、自分が答えをすでに知っている質問をすること。[121]

同様の意味で、相手が見えることになるわけではないが、盲人もしばしば話し手をまっすぐ見るようになる。というのはこうすることによって、あらぬ方を見つめたり、頭を下げたり、その他の仕方で、口頭による相互交渉過程がそれを核にして組立てられる〈相手に注意を向けるという〉手掛りに関する不文律を知らず知らずに侵犯することを避けることができるのである。[122]

III　集団帰属と自我アイデンティティ

この試論で企図されていることは、社会的アイデンティティと個人的アイデンティティを区別することである。これらの二つの型のアイデンティティは一括して、エリック・H・エリクソンおよび他の研究者たちが〈自我《エゴ》〉アイデンティティ、または〈主観的《フェルト》〉アイデンティティとよんでいるものと比較対照すればいっそうよく理解できるはずである。〈自我〉、または〈主観的〉アイデンティティとは個人が多様な社会的経験を経た結果、獲得するに至った自己の状況、自己の持続性、性格などについての主観的な感じ (subjective sense) といえよう。[1]

社会的アイデンティティおよび個人的アイデンティティは、さしあたって先ず、そのアイデンティティが問題になっている当の個人に関して複数の他人が抱くさまざまな関心《コンサーンズ》ならびにさまざまな定義《デフィニッションズ》の一部をなしている。個人的アイデンティティの場合、このようなさまざまな関心、定義にはときに、当人の誕生以前から生じ、埋葬されてしまってからも存在しつづけるものがある。したがってこれは個人自身が、アイデンティティの自覚はもちろん、感覚／感情をまったく所有していないときでも存在するものである。ところが他方、自我アイデンティティとは、まず何よりもそのアイデンティティが問題になっている当の個人が当然感じているはずの主観的、自己回帰的《リフレクシブ》なものなのである。[2] このようなわけで、犯罪者が変名を用いるとき、彼は自分の個人的アイデンティティを自己自身から切り離しているのである。[3] また、彼が本名の頭文字、あるいは本名の一部を残している場合は、〔個人的アイデンティティを隠してはいるが〕同時に自我アイデンティティを自覚して悦に入っているのである。いうまでもなく、個人は、他人が初めは彼の社会的アイデンティティ、および個人的アイデンティティを同定するときに用いるのと同一の材料から、自己自身の像を構成する。しかし自己自身の像をどう構成するかに関しては、彼はきわめて自由である。[4]

社会的アイデンティティという概念を用いることで、われわれはスティグマの成立過程を考察することができたのである。個人的アイデンティティという概念を用いることで、われわれはスティグマの管理／操作に際して、情報制御がどういう役割を果たしているか考察することができたのである。自我アイデンティティという概念を用いるとき、われわれは個人がスティグマならびにその管理／操作について何を感じているか考察することができるようになる。この概念はまた、上記の問題をめぐって彼に与えられる助言に、特別の注意を払うようにわれわれを仕向けるのだ。

両価的感情

われわれの社会に生きるスティグマのある個人は、さまざまのアイデンティティに関する基準を習得し、それらの基準に従って生活することができないにもかかわらず、それらの基準を自分自身にも適用してみる。このようにするとき必然的に、彼は自分自身の自己《セルフ》についてある種の両価的感情を覚えるであろう。この両価的感情の表出形態のうちの一部分についてはすでに、仲間のスティグマのある者たちをめぐって、彼が示す同類意識《アイデンティフィケイション》、交流《アソシエーション》に認められる振幅と関連させて記述した。残りの表出形態を〔次に〕あげよう。

スティグマのある人は〈同類《オウン》〉の人びとを、そのスティグマが明瞭で目立つ程度に応じて差別化《ストラティファイ》する傾向を示す。たとえば、自分自身よりいっそう判然とスティグマのあることが分かる人びとに向かって、常人が自分に対してとるのと同一の態度をとることがある。つまり難聴の人びとは自分たち自身を平然と聾者ではない者と、視力に障害のある人びとは自分たち自身を盲人ではない者と見るのである。[5] 同類意識の振幅がごく画然と現われるのは、自分よりいっそう判然とスティグマを示している同類に連帯感をもつ場合、あるいは訣別する場合である。

この意図せずに心底を露呈してしまう（self betraying）差別化は、社会的連帯関係、すなわち友人、デート相手、配偶者の選択〔範囲〕が同類のグループに限定されているのか、〈境界線を超えて〉行なわれているのかという問題と関係がある。ある年若い盲目の女性がこのことを指摘している。

昔は――数年前のこと――デートするなら盲人より晴眼者と行きたいと思っていました。しかし何度かデートを繰り返すうちに、徐々にではありましたが、この問題に関する私の気持は変わって来ました。私は盲人の盲人に対する理解を評価するようになりました。ですから今では、盲目の男性を彼のもついろいろの能力と性質で評価し、尊敬することができますし、彼が私に示してくれる理解を喜んで受け容れることができます。[6]

私の友人のなかには晴眼者も、盲人もいます。いずれにせよ、これは私には当然のことに思えます――私には人間関係をどちらか一方だけに限定することは理解できないことです。[7]

恐らくは、欠点のある人が常人と深く交際すればするほど、いっそう自分自身を、スティグマにかかわりない視角から見ることになろう。もっともこれとは逆のことが真相と思える〔すなわちスティグマの視角から物事を見る〕コンテクストがあることも事実である。

自分の同類と深く連帯するか否かに関係なく、障害者は、自分の同類が紋切り型《ステレオタイプ》に従い、同類に帰属されている負《ネガティヴ》の属性を派手に、あるいはみじめったらしく演じているところを、まざまざと見せつけられるときに、〔自己の〕アイデンティティに両価的感情を示すことがある。結局のところ障害者は包括社会の規範を支持しているので、目撃した光景を不愉快に感ずるかも知れない。しかし彼がこれらの不愉快な連中と社会的にも心理的にもアイデンティティを同じくしているという事実が、彼が反感を覚えるものに自分をつなぎとめるのである。すなわち障害者の反感は恥ずかしさに変わり、さらに恥じたこと自体も彼が何かしら後ろめたく感ずるものに変わるのである。端的な言い方をすれば、彼は自分の仲間を受け容れることも、無関心に過ごすこともできなくなるのだ。[8]〈スティグマのある人びとが自分たちの行為に〈正常を装う〉(normify) 努力、ならびに仲間の誰彼の行為を正してやる努力を記述するのに、〈内集団を浄化する関心〉(concern with in-group purification) という句が用いられる。[9]〉この両価的感情が至極激烈な形で認められるのは、〈接近〉(nearing)、すなわちスティグマのある人が常人と〈一緒に〉いるとき、自分の同類のなかの望ましくない者が近寄ってくるときであると思われる。[10]

当然予想できることであるが、このアイデンティティをめぐる両価的感情は、同類を代表する者に関しての文字、口頭、演技、あるいはその他の型で提出される資料に、組織的表現が与えられている。たとえばスティグマのある者についての出版物または舞台で上演されるユーモアには、当然、特殊なアイロニーが認められる。漫画、小説、民話の類には、彼らの仲間のステレオタイプ的人物の欠点が戯画化されて描写される。たとえこの半主人公的人物が堂々とした役廻りの常人を、罪ない仕方で出し抜くといったように取り扱われていても[11]〔戯画化された取り扱いであることには変わりはない〕。代弁者による真面目な紹介にも同様の、自己に対する疎ましさを物語る類似の両価的感情が現われていることがある。

職業的代弁者による問題呈示

上述したところで指摘したことは、スティグマのある者は、自己自身を他の人間とはまったく違ったところのない人間と定義するが、ところがまた一方では同時に、自分を彼の周囲の人びとと一緒になって別種の人間と定義している、ということであった。スティグマのある者に、右のような根源的な自己矛盾がある以上、結果的には自分自身のおかれている状況に首尾一貫した意味を与える準拠的言説《ドクトリン》を得ることに終わるに過ぎないにしても、何とか努力してこのジレンマを脱出する方途を探し求めようとするのは理解できないことではない。この努力は現代社会にあっては、欠点のある者が準則《コード》となるものを独力で工夫して創出しようと試みるという形ばかりでなく、すでに指摘したことがあるように、職業的代弁者たちが——ときに彼らの生い立ちの記を語るとか、彼らが困難な状況にどのように対処したかを語る、といった形式をとって——援助の手を差し伸べるという形でも行なわれている。

スティグマのある者に呈示される準則《コード》は、明示的、含蓄的の差はあっても、いくつかの標準的な事柄にわたる傾向がある。〔それには〕どのような形式で告白するのが望ましいか、隠すのが望ましいか、が示唆されている。（たとえば精神疾患の病歴をもつ人の場合、自分のスティグマを単なる知己程度の人びとには徹底的に隠しておいたほうがよく、さらに自分の正常さについては充分安心してもよい、また過去の汚点は医学的なものであって道徳的なものではないことを信じて、配偶者、親友、雇用主などには秘密を明かした方がよい、というようなことをすすめられる。）他の標準的な事柄とは、たとえば以下のようなものである。すなわち、扱いにくい状況を処理する公式的方法、自分の同類に与えて然るべき支持、維持されて然るべき常人との友好関係の在り方、見逃してもよい自分の同類に対する偏見、ならびに公然と反撃すべき偏見、他の誰とも同様の正常な人間として自己を呈示してもよい範囲、多少異なる取り扱いを積極的に受け容れたほうがよい範囲、同類に関して当然誇りを感じて然るべき事実、積極的に取り組まねばならない自分の特異性との〈対決〉などである。

特定のスティグマをもつ人びとに示される準則、あるいは指針は多様であるが、どれほど相反する立場からの議論にも、それらに共通するきわめて一般的なことがある。〔たとえば〕大抵の場合、スティグマのある人は、完全に越境《パス》しようとは試みないようにと警告されている。（結局のところ、匿名の告白者を除いては、この方針を公に流布する印刷物で支持することは誰にとっても容易なことではなかろう。）また一般に、彼に向けられた他者の否定的な態度を全面的に自分の態度として受け容れないようにとも警告されている。通常彼はいわゆる〈劇化〉

（minstrelization）[12]に対しても警告を受ける。劇化とはスティグマのある者が自分の同類に負わされている好ましくない特性を、常人たちの前で彼らの気を惹くような仕方で演じて見せ、生活状況を道化たものにしてしまうことである。

また私の理解したことは、肢体不自由者は人びとが彼に期待している仕方とは違った仕方で行為しないように注意しなくてはならない、ということだった。何といっても人びとは、障害者は障害者らしく、無能で弱々しいもの、彼らに劣るものと期待している。肢体不自由の人がこのような期待に背こうものなら、彼らは怪しみ、不安になるのだ。奇妙なことだが障害者は障害者の役割を演じなくてはならないのだ。それはちょうど、女性は、男性が女性はかくあるべきと期待している通りに、つまりまったく女性らしくしなくてはならず、また黒人たちが、彼らに〈優る〉白人たちを前にして白人が色の黒い同胞に脅威を感じたりしないように、しばしば道化役を演じなくてはならないことに類似している。

昔私はひとりの矮《わい》人症の人を知っていた。彼女は、本当に、この事態の非常に哀切な一例だった。彼女はとても小さくて、約一メートル二〇センチぐらいだった。彼女は非常に豊かな教養の持主であった。ところが人前では、彼女は細々《こまごま》と気を配り、〈矮人〉に徹し切るのであった。中世の宮廷以来ずっと道化の特徴とされてきたのと同じ作り笑いをし、素早い可笑しい動きをする道化の役を演じたのである。友人と一緒にいるときだけ、〔宮廷における矮人の仕着せだった〕道化の帽子とそれについた鈴をかなぐりすて、彼女の真の姿、知的で悲しみに満ち、非常に孤独な女性にやっとなることができたのである。[13]

以上とは反対に、障害者は〈正常を装っ〉(normification)たり、〈何気ない風を装う〉[14](deminstrelization)と、咎められるのが普通である。すなわち障害者に奨励されるのは、自分のスティグマを実際上秘密にしないで、〔弱々しい不健康そうな〕見かけとは違ってこの上なく健康で、非常に寛容、ごく穏健できわめて男性的、さらに難儀な肉体労働も、激しいスポーツもできるということ、要するに彼らは規格通りではないがそれでも紳士であり(gentleman deviants)、彼らの仲間についての評判とは異なり、われわれ同様当り前の人間ということを示そうと非常に注意深く振舞い、行届いた擬装をする同類の一部には、嫌悪感を示すようにということだ。[15]

右のような公然支持されている行動準則が、スティグマのある人に、ただ単に基本綱領と政治的指針ばかりでなく、またただ単に他人をどう扱うかを指示するばかりでなく、自己に関する適切な態度とはどういうものかについての処方をも呈示している、ということは明白であろう。〔このような考え方によれば〕準則を守れない者は、心得違いをしている人間、誤った指導を受けた人間である。逆に、準則を守る者こそ、真摯な尊敬すべき人間であり、これら二つの精神的価値は両々相まっていわゆる〈まともさ〉（authenticity）を構成するのである。[16]

以上の主張に含意されている二つの意味を次に述べてみよう。第一は、このような身の処し方のすすめは、ときとしてスティグマのある人に社会的場面の批評家、人間関係の観察者になることをすすめる結果になるということである。彼はあちらこちらで見聞する社会的相互交渉を括弧に入れて、交渉に含まれる一般的主題を検討してみるようになるだろう。居合わせる常人が何気なく状況に取り込まれて《インヴォルヴド》いるとき、すなわち状況が常人にとっては注意の届かない事象からなる背景に過ぎないときにも、スティグマのある人は〈状況に視線を配る〉（situation conscious）ようになるのである。彼のこのように拡大された意識は、先に指摘されたように、受け容れと露顕に随伴する偶発的与件、つまり常人が彼ほどには気づいていない偶発的与件、に対する彼の異常な敏感さによってさらに強化されることになる。[17]

第二に、スティグマのある人に対する助言は、しばしば、彼が生活においてごく私的なこと、恥ずべきことと感じているまさしくその部分に仮借なくふれるのである。彼の心中深く秘められた疼きは、当節の文学に流行中の臨床的な態度で言及され、検討される。[18] 個人の立場をめぐる徹底した攻究が、意識の根源的な危機に即して虚構の形を借りて呈示される。屈辱の空想、常人に勝利を得る幻想もつめ込まれ、利用できる形にして与えられる。このような助言においてきわめて私的で、困惑の種となるものが、ごく集団的なものになる。というのは、スティグマのある人の感情の最深部は、彼の同類《カテゴリー》のなかのよく発言する人びとが行届いた形で提供するものと、同じ素材でできているからである。ところで、スティグマのある人びとの手の届くところにあるものは、不可避的に、常人の手にも届く以上、このような公開は最終的には恐らくスティグマをもつ者の立場に役立つとしても、暴露と背信という問題にふれざるを得ない。

内集団への帰属（In-Group Alignments）

このように提出された人生観、生存の処方は、あたかもスティグマのある人間独自の観点から提起されているかに見える。しかし分析してみると、何か他のもの《サムシング・エルス》が彼らにそのように教唆していることは明らかである。この何か他のものとは、広義の意味で同じような状況内にある諸個人から構成される集団である。このことは、個人が現にどうあるか、あるいはどうあり得るかは、社会構造内における彼の同類の位置から導出されるものである以上、当然予期できることである。

これらの集団のうちの一つに同憂同苦の仲間から成り立つ集合（aggregate）がある。この種の集団の代弁者は、スティグマのある者の真の集団、すなわち彼が本来的に（naturally）所属する集団は、この集団だ、と主張する。[19]〔したがって〕個人が何かの必要があって帰属するその他のさまざまなカテゴリーおよび集団はいずれも、暗黙のうちに彼の真に帰属する集団ではないと考えられているのである。すなわち彼は真実のところ、それらのカテゴリーおよび集団の一員ではないのだ。したがって個人の真に帰属する集団は、〔彼と〕同一のスティグマをもつことから、恐らくは彼が経験しているのと同一の挫折／剥奪《デプリヴェーション》を味わっている人びとを成員とする集合《アグレゲット》である。すなわち彼が本来帰属する〈集団〉とは、実のところ、彼に面目を失わせる原因となっているカテゴリーにほかならない。

代弁者たちが個人に認める性質は、彼が同類の者たちと結ばねばならない関係如何によってきまる。本来の集団に依拠するならば、彼は忠誠であり、信頼できる。その集団に背を向けるならば、彼は背信的であり愚かである。[20] いうまでもなくここには、社会学上の基本的主題の具体例が鮮やかに明示されている。すなわち個人が自分に、またわれわれが彼に、付与している個人の性質は、集団への彼の帰属の仕方がどうであるかによってきまる、ということである。

予想されることであるが、内集団に視点を据える職業的代弁者たちは戦闘的、かつ狂信的党派的方針を支持するであろう——しかもそれは分派的イデオロギーに固執するといった程度にまで至ることがあろう。この方針を踏襲すると、スティグマのある者は常人と接触しているとき、自分の同類の特別な価値と貢献（それは彼の憶測かも知れない）を賞賛するであろう。さらにまた、隠せば容易に隠せるような陳腐な属性を得意気に誇示するようなこともあろう。たとえば、ユダヤ人の二世が、自分たちの会話にヘブライ語の慣用法や、アクセントを積極的に混ぜたり、公共の場所でこれ見よがし《パトリオティカリー》の態度で同性愛を示す素振りを見せる戦闘的なゲイを見かけるのは、右のような事情によるものである。また、スティグマのある者が、彼を遇する常人の態度に見え隠れする不承知／侮蔑〔を嗅ぎつけて〕面と向かって問い糺し、自称わけしりが〈馬脚を現す〉のを待ち受ける、つまり常人たちの行為や言葉を吟味して、最後に常人たちがスティグマのある者を受け容れているように見せているのはただ見せかけ《ショー》に過ぎないその場限りのことだ、という証拠を手に入れるようなこともあるのだ。[21]

　戦闘的《ミリタンシー》態度に関連する問題は周知のものである。〔ある代弁者の〕究極的な政治的目標が同類の特異性をスティグマではなくすることにある場合、〔これを実現しようという〕努力自体が自身の生活を政治化し、自分の生活を常人の生活（そもそも彼には認められていなかったものではあるが）とはいっそう違ったものにしていることに彼は気づく――もっとも、彼の仲間の二世たちが、世間にいっそう受け容れられるようになるという形で、彼の努力から蒙る恩恵は非常なものであろうが。また自分の同類のおかれている状況に衆目を集めることによって、彼はいくつかの点で彼の特異な立場は現実のものであり、彼と同じスティグマをもつ仲間は事実上一つの集団を構成しているのだ、ということをイメージとして世間の人びとにはっきり定着させるのである。以上のような立場とは逆に、もし代弁者が同化ではなくしてある種の分離を求めるならば、不可避的に自分の積極的《ミリタント》な努力を彼の敵の言葉と仕方で示すことになるのだ、と気づくだろう。さらに、彼がする訴え、彼が示す自分たちの窮状、彼が支持する戦略、それらはすべて包括社会に属する常套的《イディオム》な表現や感じ方と同じものなのだ〔ということにも気づくだろう〕。彼を拒絶する社会に対する彼の嫌悪感は、まさしくその社会が自尊心、品位、独立心をどう捉えているか、という点と関連させてのみ理解できるものなのである。要するに、依拠すべき異類《エイリアン》の他者の文化が他にない限り、常人から〔社会〕構造の上で分離すればするほど、彼は文化的にますます常人に類似してしまうのである。

外集団への同調（Out-Group Alignments）

以上のように個人が帰属する〈同類〉集団が、代弁者たちの唱道する準則を彼に吹き込むこともあるが、またスティグマのある人は、第二の集団の視角から、すなわち常人たちおよび彼らの構成している包括社会の視角からも、自分自身を見るように求められている。私はこの第二の視角が投ずる影を少し考察してみたいと思う。

常人たちが示唆するこの立場からの発言は、前節の例ほどに政治的ではなく、むしろ精神医学的である——すなわちここでは精神衛生のイメージが修辞の源泉として用いられている。推奨されている方針を堅持する者は成熟していて良好な人間的適応を達成しているといわれる。右の方針をとらぬ者は、障害をもち、硬直的、防衛的で、適切な内面的資源（inner resourses）の乏しい人だといわれる。このような主張の含意しているものは何であろうか。

スティグマのある人は、他の誰とも同じ様に完全な人間、すなわち最悪の場合でも社会生活の、徹底的に分析してみれば、わずかに一分野に過ぎないところから排除されることがあるいはあるかも知れない人間、として自分自身を見るように助言されている。彼は一つの典型でもなければ、一つのカテゴリーでもない。一個の人間なのである。

足の不自由が不幸だなどといったのは誰か？　足萎え《クリプルズ》自身か？　それともあなたか？　ただ踊れないというだけの理由で？　どんな音楽にしろいずれは必ず終りがくる。ただテニスができないというだけの理由で？　陽差しはたいてい暑すぎるぐらいじゃないか！　ただ階段を昇り降りするときあなたに助けられるだけの理由で？　あなたには何かほかにしたいことでもあるのか？　小児麻痺はみじめなものではない――ただひどく不便なだけなんだ――癇癪を起こしても、自分の部屋に走り込んでドアを足でばたんと閉めることができないということなのだ。足萎えとはひどい言葉だ。この言葉はきめつけ、差別する！　この言葉はあまりにも不躾《ぶしつけ》だ！　この言葉は卑屈だ！　この言葉を聞くと私は、繭から出て来るもぞもぞ動く虫を見たときのように、吐き気がする。[22]

彼の苦悩の種はそれ自体では何でもない。したがって彼はそれを恥じることもないし、またそれをもつ他の人たちにいたたまれない思いをすることもない。さらにそれを隠そうと腐心して〔かえって〕自らを汚すようなことをすべきでもない。他方また、苦心し、不断に自己を訓練し、できる限り充分に、世間一般の標準を満足するようにすべきである。ただし正常を装うという問題が生ずるとき、すなわち、彼の努力が自分の特異性を否定しようとしているのだという印象を与えかねないときは、そのわずか手前で立ち止まるべきである。（いうまでもなく、この非常に微妙な線は職業的代弁者それぞれによって違うところに引かれるが、この曖昧さがあるからこそ、〔かえってまた〕代弁者による指示がいっそう必要になってくるのである。）そしてまた常人は常人なりに問題を抱えているので、スティグマのある者は無情を感じたり、憤懣を感じたり、あるいはまた自己憐憫を覚えたりすべきではなかろう。闊達で積極的な態度の涵養こそ望ましい。

常人を扱う公式は論理的に帰結する。スティグマのある者が常人と居合わせる場面を処理するときに習得した技法《スキルズ》は、そのような場面におかれた他の人びとを援助するのにも用いられるべきである。

常人は真実、〔スティグマをもつ人びとに〕害を与えようなどとは考えていない。常人に害意があるとすれば、それは彼らがそれ以外にどうしてよいか分からないからである。したがって気転のきいた仕方で助力してもらわないと常人は〔スティグマのある人びとに対して〕適切に行為できないのである。軽視されたり、冷遇されたり、不躾な批評を受けても、同様の手段を以ってそれに応ずるべきではない。〔そのようなことには〕注意を払わないですませるか、それともスティグマのある者は外見とは違ってその下は完全な人間なのだ、ということを一つ一つ、穏やかに、つつましく常人に教え、同情的な立場から彼の再教育に努力すべきなのである。〈個人は社会に依存し切っているので、社会はあらゆる人間の内的存在に関して何らかの陳述、解明、また賛美をする場合、正常な成員としては最低の扱いを受け、他人との気楽な交流の楽しみを得ることのもっとも少ない人びとを準拠点にするのである。スティグマのある人は、彼が標準的な主体的自己をもっていることを他人に納得してもらう場合、平均的状態から離れる程度に比例して、いっそう美事にそれを所有していることを示さなくてはならないし、また彼が通常の人間は自己自身についてどのように感じたらよいのかを示すモデルを提供してくれるように、常人たちはいっそう強く要求することになろう。〉

スティグマのある者が、常人たちは彼の異常を無視できないと思っていると気づいたら、意識的に努力して常人たちの緊張ならびに社会的場面の緊張を解消するよう助力すべきであろう。[23] このような事情の下では、スティグマのある者が、たとえば自分の障害にはっきりとふれ、それを気にしてはいないこと、また自分の条件を苦もなく乗り越えることができることを示して、〈こだわりをなくす〉(break the ice) ように努力するのも一つの遣り方であろう。平然たる態度のほかに奨められるのは洒脱さである。

そういう場合には、タバコを使うギャグがありました。それは必ず人を笑わすのに役立ちました。私はレストランとか、バー、あるいはパーティに入って行くときまって、短い喫いさしのタバコの入った箱を素早くとり出して、これ見よがしにあけ、一本とり、火をつけ、満足げにそれをふかしながら椅子に深々と坐ったものです。それで十中八九の場合、人の注意を惹きつけました。みんなまじまじとこちらを見つめたものでした。私の耳には人びとのいっているることが聞こえてくるようでした。ほう！　仲々やるじゃないか、あの二つのかぎ手で？　この芸当のことにふれる人がいると、私は笑みを浮かべていったものでした、「私が一度も心配したことのないことがあるんですよ。それはね、指をやけどするってことですよ。」あかぬけないことはよく心得てます、でも確実な気づまり解消法なんです。[24]

美容整形をして顔に傷のある、やや人ずれのした女性は、人びとのいる部屋に入るときは入りざまおどけた調子で、「御免遊ばせ、ハンセン病の者ですが。」というのが効果的と感じていた。[25]

スティグマのある人が常人と一緒のときに、自分の障害や仲間に言及する際は、自分が同類と一緒のときに使う言葉と、常人たちだけの間でスティグマのある者について話すとき使われる言葉が役立つのに気づくことがある、ということを指摘しておこう。というのはこうすることによって彼は居合わせる常人に一時的にではあるが、わけしりという身分《ステイタス》を提供することになるのである。また別のときには、彼は〈告白の作法〉に従って、自分の障害を真面目な話題として出すのがよいことに気づく。こういう遣り方で、関心はあっても口に出してはならない話題という性質をなくそうと希望するわけである。

自分が一個の人間として理解されていないという肢体不自由の人の気持ちは、彼の前にいる五体満足な人の当惑と重なり合って緊張した気づまりな関係を生み出し、それがさらに両者の間を隔てるように働く。この種の社会的緊張を解消し、いっそう受け容れ易くするためには、肢体不自由の人は積極的に自分から五体満足な人の態度に表われている好奇心を満たしてやり……さらにすすんで傷を話題にし始めるのがよかろう。[26]

常人がスティグマのある者に対して気転のきいた態度をとれるように、常人に手を貸す手段は他にもいろいろあって、奨められている。たとえば顔に傷痕がある場合など、出会いの間際に敷居のところでちょっと間をおいて、これから交渉に参加する人に反応を整える機会を与える、というようなのがそれである。

顔にひどい傷痕があるにもかかわらず不動産業を営む三十七才の男性が次のようにいっている、「新しい契約のことで面談の約束があるとき、私はできるだけドアから遠く離れて真直ぐそちらを向くようにしています。すると、部屋へ入ってくる人は時間をかけて私を見ることができますから、商談を始める前に、私の顔に慣れることになります。[27]」

またスティグマのある人は、彼にとって事態を気楽なものにしようと配慮する常人たちの努力が効果的であり理解されているかのように行為するのがよい、と助言されている。頼みもしないのに興味を抱かれたり、同情を示されたり、助力を申し出られたりするのはスティグマのある者にとってはプライヴァシーの侵害であり、差し出がましいことと感じられるのが普通であるが、しかし申し出は如才なく受け容れられなくてはならないのである。

ともあれ、助力はそれを申し出る者たちにとって一仕事であるに留まらない。肢体不自由の者がこだわり《アイス》をなくそうと願うなら、助力の価値を認め人びとの援助を受け容れなくてはならないのである。こちらから手を差しのべ援助を受け容れると、数えきれないほどしばしば不安と困惑が人びとの眼から消えるのを私は認めた。そして私がとった援助の手から生命と温みが流れ出るのを感じた。われわれは援助を受け容れることによって、人助けをしているのかも知れず、さらにこういう仕方で接触の足がかりを確保しているのかも知れないことに、必ずしもつねに気づいてはいないのだ[28]。

ある小児麻痺の著述家も右と同様のことを述べている。

雪の日に隣人たちが私の家のベルを鳴らして、何か買物をする必要があるかどうかをたずねてくれると、たとえ不順な天候に備えて買置きがあっても、親切な申し出を断われずに何か買う物を考え出そうと努める。独立独行できることを示そうとして申し出を断わるより、受け容れるほうがずっと行き届いた心遣いなのである。[29]

同様なことを、ある肢体切断者は次のようにいう。

多くの肢体切断者は、多少とも相手と調子を合わせて相手に満足感を味わわせる。というのはとにかく彼らは何かしてくれているのだから。調子を合わせると、ひとりでやった場合に比べて、相手に気まずい気分を与えないですむのである。[30]

他人が覚束ない骨折りをしても助力しようとしているのを如才なく受け容れるのは、スティグマのある者には負担にはなろうが、彼は実はそれ以上のことを求められているのである。もしスティグマのある者が自分の特異性に本当にこだわりをもたずにいるならば、この自分を受け容れる態度はただちに常人たちに影響を及ぼし、彼らは社会的交渉場面で彼に対してずっと容易にこだわりを感じないでいられるようになるのである。端的にいうとスティグマのある人は、自己自身を正常な人間として受け容れるように忠告される。というのは対面交渉中にはこのほうが相手にとって得るところがあるし、したがってまた彼自身としても得るところがあるからである。

このようなわけで、常人の態度が暗に示唆している方向《ライン》は、さまざまな仕方でスティグマのある人に常人を援護するように仕向けさせているのだ。この種の援護のもつ重大な一面は、これまでのところでは指摘されただけに過ぎないから、ここで再度考察してみることにしよう。

常人たちがいろいろな状況において、スティグマのある人に、彼の障害をまったく関心がないもののように取り扱うという心遣いを示し、またスティグマのある人も障害という外見の下は他の誰とも同様の正常な人間であると感じているのが普通だ、という事実がある以上、予想されることは彼がときとして心を許して欺かれ、また実際以上に自分が他人に受け容れられている、と信ずるようになることもあるのだ。そうなると彼は、他人が彼に相応しい場とは考えないような接触の領域でも、社会的に参加しようと試みることになる。たとえばある盲目の著作家は、彼がホテルの理髪室で惹き起こした凍りついた雰囲気（consternation）を、次のように描いている。

私が案内されて、制服を着た接客係にほとんど事実上抱き上げられたとき、店はシーンと静まり返って、重々しい雰囲気であった。私は冗談をいってみた。必要の如何に関係なく三月に一度散髪するとき、きまっていう冗談であった。〔ところがここでは〕失敗であった。沈黙が私に知らせたことは、私は冗談をいってはいけなかったのだ、ということである。それがたとえかなり気のきいた冗談であっても。[31]

同じようなことをダンスに関連して。

人びとはそのことを聞いてちょっとびっくりした様子であった。〔そのことというのは〕私がサヴォイ・プラッツアで午後のお茶の時間のダンスに行ったという話である。みんなはなぜ彼らがそのように感じたのか説明できないようであった。そのうえ私がそれは大変楽しかったから次の機会にもまた行くつもりだ、といったことが事態をいっそう悪くしたらしかった。それはどうあっても盲目の男がやってはならないことのようであった……全体が服喪期間をきちんと守らないことに対して抱かれる感じのようであった。[32]

ある身体障害者が別の例を加える。

しかし人びとはあなたが自分の役割を果たすように期待しているに留まらない。彼らはまた、あなたが自分の場所をわきまえていることをも期待しているのである。たとえば、私はオスロの屋外レストランで見かけた男のことを思い出す。彼はひどく不自由であった。車椅子を降りて、テーブルの並んでいるテラスに通ずるかなり急な階段を昇るところだった。足が使えないので、膝で這い上がらなくてはならなかった。この見慣れない遣り方で彼が階段を昇り始めたとき、数人のウェイターが彼のところに走り寄った。それは彼に手を貸すためではなく、人びとが店に来るのは、楽しみ愉快な一時を過ごすためであって、障害者を見て暗い気分になるためではないから彼のような人間は客として扱うわけにはいかない、と伝えるためであった。[33]

スティグマのある人が、自分自身が〔常人に〕如才なく受け容れられていることをあまり真面目にとり過ぎていると指摘されるのは、この受け容れが条件付きなことを示唆している。〔スティグマのある者を〕気兼なく受け容れることができる限度――あるいは最悪の場合でも不承不承受け容れることができる限度――が越えられるか否かは常人次第である。スティグマのある者たちは、紳士的に振舞い、自分たちの運命を強調しないようにと、如才なく期待されている。スティグマのある者は、彼らに示された受け容れの限界を試みてみたり、現在の受け容れをそれ以上の要求の前進基地にしたりしてはならないのである。通常、寛容とは取引きの一部なのだ。これは言うまでもないことなのである。

以上でいわゆる〈よい適応〉の性質が明らかになった。よい適応とは、スティグマのある者が〔一方では〕晴れやかに、しかも自意識を伴わずに、自己自身を基本的には常人と同じ人間として受け容れ、他方では常人が口先だけにしろそこで彼を常人同様に受け容れているとはいいにくい状況で自発的に控え目にすることを必要条件とするのである。

適応の良否を示す線は、包括社会の視点をとる者たちによって引かれるのであるから、スティグマのある人がそれに従うことは常人にとってどういう意味をもつか、ということが問われるべきであろう。その意味するところは、スティグマを身辺に伴わねばならないことの不当さと苦痛は、常人には示されることがない、ということなのである。その意味するところは常人が、自分たちの如才なさ、寛容さ、がどれほど限られたものであるかを認めないですましてしまう、ということだ。さらにまたその意味するところは、常人はスティグマのある者と親密に交際しても比較的汚染されず、また自分たちのアイデンティティについての信憑も脅かされずにすませてしまえる、ということである。まさしく右のような意味から、事実上、よい適応の具体的内容が演繹されているのである。

スティグマのある人がこのような意味でのよい適応をしている場合に、彼はしばしば強い性格、あるいは深遠な人生観をもっている、といわれる。恐らくそれは心の底でわれわれ常人が、彼が積極的にそのように行為する能力の説明を、探し求めているからであろう。ある盲人の言葉を引いてみよう。

人間が生きつづけようという願いは、ごくありふれた動機に由来する、ということを信じまいとする態度にはよく出会うので、そのような態度に対する対抗策としてほとんど自動的といっていいぐらいに自分の行動を説明する根拠を作り出す。一つの〈哲学〉を考案するのである。世間の人びとは、君たち障害者には哲学があると言い張りたいらしく、そんなものはもち合わせないといおうものなら、君は嘘をいっているのだと考える。そこで君は相手の意を迎えるために最善を尽くすことになる。汽車、レストラン、地下鉄などで出会う一面識もない人びとは何が君の生存の根拠になっているのか知りたがる。君はそれをちょっぴり打ち明けることになる。もし君が、自分の人生観のうち自分の独創にかかるものはほとんどなく、盲目について世間の人びとが抱いている考え方を反映したものだ、と気づいたら、君は普通以上の洞察力の持主だということだ[34]

一般的な定式は明らかである。すなわちスティグマのある者に要求されているのは、自分の荷が重いとかあるいは彼がその荷を担っているので常人《われわれ》とは違った種類の人間になってしまったといったようなところを、些かも見せずに行動するということであり、同時に彼についての〔スティグマという荷はさほど重くなく彼と常人とはさほど違ってはいないという〕信憑を常人が痛み感ぜずに信じられるほどに常人から距離を保って身を恃さなくてはならない、ということである。別の言い方をすると、スティグマのある人は〔自分の立場での〕自己自身ならびに常人の受け容れ方を、そもそもまだ常人が彼に示したこともない〔常人の立場での〕彼の受け容れ方と、交換するように忠告されているのである。虚の受け容れ（a phantom acceptance）はかくして虚の正常さ（a phantom normalcy）の基盤を準備することを可能にする。この場合スティグマのある人は、当然常人《われわれ》の社会において正常的‐基準的（normal）と定義された自己に対する態度に、右のように徹底的に囚われているにちがいないので、つまり完全にこの定義が身についていないにちがいないので、そのように定義された自己を、他人事として気乗り薄に見ている底意地悪い観衆《オーディエンス》を前にして、誤たずに演ずることができるのである。彼は常人たちと一緒になって仲間のなかの不平分子たちに、彼らの嗅ぎつけた軽蔑は架空のものだ、と差し出口をするようにさえなる――この〈嗅ぎつけられた〉軽蔑は、いうまでもなく、おそらく時には的を射た推測なのである。というのは多くの社会的境界線で標識は曖昧に示してあり、誰でもがあたかも完全に受け容れられているかのように行為し続けることができるほどなのだから。このことは、本来の最低限より厳しく見積ってある最低限の信号によって〈自分の行動を〉定位し方向づけるのが現実的だ、ということを意味している。

以上のような助言的指針に含まれるアイロニーは、スティグマのある人に求められているのが、常人たちに対して彼が採るのは許されない態度を、彼に対して常人が採るのは我慢するように、という点にあるのではなく、スティグマのある人の反応がこのように他者によって決定されている（expropriation）ということはひょっとすると彼が自己資本で挙げ得る最大の利益であるかも知れない、という点にある。事実、もし〈他の誰とも同じように〉できる限り豊かに生き、かつまた〈彼の真実の姿のままで〉受け容れられることを願うなら、多くの場合、二重底（a false bottom）をもつこの立場こそ彼がとり得るもっとも抜け目のない立場なのだ。というのは多くの場面で、常人たちがスティグマのある者を受け容れる程度は、彼がその限度を越えないように注意している条件つきの受け容れを、あたかも完全な受け容れであるかのようによどみなく自在に彼が行為してのけるとき、最大に拡張されるからである。ともあれ個人にとってのよい適応は、社会にとってはさらに望ましいものであることはいうまでもない。さらに限界〔がどこにあるかわからない〕という当惑は、社会組織につきものの一般的性質である。したがって虚の受け容れを維持することは、ある程度までは、容認するように多くの人びとに求められていることである。二人の個人間の相互的適応および相互的容認は、一方の者が相手の出していると思われる提案を百パーセント受け容れたりすると、根底から動揺させられるのである。あらゆる〈肯定的〉関係は、考慮と援助に暗黙に前提されている信用が実際に当てにされると（credits actually drawn on〔預金が実際に引き出されると〕）、この関係は損われるという約束の下に成立しているのである。

アイデンティティの政治学《ポリティックス》

前節で論究したように内集団と外集団の両者がスティグマのある者に、前者は主として政治的表現で、後者は精神医学的表現で、自我《エゴ》アイデンティティを与えるのである。スティグマのある人の教えられることは、もし妥当な方針を選ぶなら（どの方針が妥当かは語っている人間による）、やがて自己自身と折合いをつけ、健全《ホール》な人間になるだろう、彼は品位と自恃に満ちた成熟した一人前の人間になるだろう、ということである。

事実、彼は一つの自己を自らの意志で受け容れることになる。しかしこの受け容れた自己は必然的に、自分のなかに棲みついた他者《エイリアン》、すなわち彼に向かって、彼を通して語りかける集団の声なのである。

しかし社会学がときに主張するように、われわれの誰でもが特定の集団の視座から発言している。スティグマのある者のおかれている特殊な状況は次のようなものである。すなわち、社会は彼に、包括社会（the wider group）の成員である、つまり彼は正常な人間である、と告げ、しかしまた彼はある程度〈異なって《ディファレント》〉おり、この特異性を否定することは愚かだ、とも宣告する。断るまでもなく、この特異性自体は社会に由来する。というのは一般的にいってある特異性は、それが大いに問題とされる以前に包括社会（the wider society）という集合的レベルで、概念化されていなくてはならないからである。この事情は新たにスティグマと指定されることになったものに明らかに看取される。たとえばあるそのようなスティグマをもつ人は次のように指摘している。

誕生時に脳の中枢部に傷を受けた結果、〔四肢にたえず不随意運動を伴う〕アテトイド型の脊髄麻痺に生まれついた私は、この術語が一般化し、自分に命名された異常を認めるように社会が私に強要するまでは、自分のびっくりするような複雑な分類に気づかないでいた。そのことはアルコール依存症者匿名会に参加することにどこか似ていた。人は自分の本当の姿を見出し、そして恐らくは社会が自分の姿をどう捉え、どうあるべきと考えているのかを考察して見るまでは、自己自身に真正面から対することができない。[35]

このことは癲癇症の場合にいっそう明瞭である。ギリシアの医聖ヒポクラテス以来、この異常に気づいた人は、社会による定義づけの働き《デフィニションズ・ワーキング》で、はっきりとスティグマのある自己をもっていることを承知させられてきたのである。定義づけの働きは、身体上の故障が問題にならない程度で、多くの医学の専門家たちがこの言葉を医学上何ら特別の故障も認められず〈したがってスティグマとしては軽度の故障に過ぎない〉発作異常のみを表示するために使用している場合でも、なお生きつづけている。[36] 医学が引き下がるのを余儀なくされる点こそ、社会が非常に断定的に行為する点なのだ。

このように、一方ではスティグマのある者は他の誰とでも同様な〔正常な〕人間なのだと告げられはするが、それと同時に越境したり、〈自分の〉同類に苦い思いをさせることは賢明なことではない、ともいわれつづける。要するに、彼は他の誰とも同じだ、といわれ、しかも同じではない、ともいわれるのだ——もっとも代弁者の間でも彼がどの程度にそれぞれの立場を主張してよいのかについては、ほとんど一致が見られない。このような矛盾と愚弄《ジョーク》はスティグマのある者の運命《フェイト》であり、宿命《デスティニー》なのである。このことはスティグマのある者を代弁する人びとには絶えず問題となっており、これらの専門家たちにアイデンティティに関する首尾一貫した政治学《ポリティックス》を示すように促している。このような事情でスティグマのある人びとは、推薦される他の基本設計《プログラム》の〈頼りにできない〉(inauthentic)点は素早く見てとるが、〈頼りにできる〉(authentic)解決はないかも知れないという点には容易に得心がいかなくなっているのだ。

以上のような考察から、スティグマのある者は自分が自己自身、すなわち自己の自我アイデンティティを、どのように考えるべきかをめぐっての煩雑な論証や論議の角逐場《アリーナ》に立っていることに気づかされる。他にもあるさまざまな悩みに加えて、自分の本来的な姿ならびに非本来的な姿について彼は何をすべきで、また何を感ずべきかを教示するさまざまの専門家たちに同時にいくつかの方向に押し向けられるという悩みが、彼にはあるのだ。しかもこれらはみな彼自身の利益のためということになっている。これらの〈離脱の道〉(avenues of flight)のどれか一つを支持する意見を書くとか話すことはそれ自体興味ある解決法だ。しかし残念ながら、ただ読んだり、聴いたりするだけの人びとの多くにとっては、拒絶された解決法なのである。

Ⅳ　自己とその他者

この試論は、スティグマのある人間の状況と、おかれている状況への彼の応答を取り扱っている。得られた枠組をその枠組に適合的な概念上のコンテクストにおいてみるには、逸脱行為という概念をいくつかの異なった角度から考察してみることが役立つだろう。この種の考察はスティグマの研究と社会のこれ以外の部分の研究を接合する橋となろう。

さまざまな逸脱行為と基準

考え得ることは、ここで用いられた分析法がすぐれて適合的なのは稀にしかない劇的な欠点であろう、ということである。しかしながら通常われわれの注意を逃れるほどに完全に当然視《サティスファイド》されアイデンティティに関して暗黙に自明とされている《アサンプション》前提に、人の注意を向けさせる手段としては目新しい特異性こそもっとも役に立つものと思われる。また黒人とか、ユダヤ人のようにすでに少数者集団として確固とした存在となっているものこそ、この種の分析に最適な対象になるのではないか、とも考えられる。〔しかし〕このような〔対象の〕分析は取り扱い上の不均衡を招き易いという懸念がある。社会学的にいうならば、これらの集団をめぐる中心的問題は、社会構造内におけるその位置である。これらの集団の成員が対面的交渉において遭遇する偶発的与件は中心的問題の一部に過ぎないし、また特定の集団の歴史、政治的展開、現時点における政治的状況などに関連させずには、それ自体では充分に理解できないものである。

〔対象を〕ほとんどすべての社会的場面を気づまりなものにしてしまう欠点をもつ人びとにだけ限定して、この種の不運な人びとがおかれている苦境に反動的に応答して自己概念の主要部分を形成するに至った〔事情を〕分析することも可能である。[1] しかしこの報告《リポート》は別様に論を展開する。常人のなかのもっとも幸運な人びとでも半ば隠れた欠点をもつのが普通であり、しかもどんな小さな欠点もそれが大きな影を投ずるときは、即自的な社会的アイデンティティと対他的な社会的アイデンティティの間に世人の目を避けたくなる乖離を生ずるようになる機会が社会には存在するのだ。たまに不安定な人と、常時不安定な人とは一つの連続体の上にある。つまり二つの型の人びとの生の状況は同一の枠組で分析することが可能なのである。〔このことから、ごく軽度の特異性をもつ人びとは、紛れもないスティグマをもつ者がおかれている状況の構造を理解しているのに気づく——彼らはしばしばこの共感〔する理由〕を、人間としておかれている状況の同形性《アイソモルフィズム》に見ようとはしないで、自分の人間性の深さに帰するのである。

逆に紛れもなく一見してスティグマのあることが明らかな人は、自分のおかれている状況がすぐ他人に分かるようになっており、ほとんど誰でもが彼らの境遇の核心を覗き込める、と知って独得の屈辱感を味わわなければならないのだ。）以上のことに含意されるのは、人間の特異性を理解したければ、特異な者にではなくて、平均的な人びとにこそそれを求めるべきだ、ということだ。確かに社会的基準〔つまり常態〕の問題は重要である。しかし関心は、平均的な人びと（the ordinary）のなかでの類を異にする逸脱行為（uncomon deviations）に対してより、類を同じくする人びと（the common）のなかでの平均的な逸脱行為（ordinary deviations）に対してむしろ高いのである。

社会生活に不可欠の条件の一つは、参加者全員が一組の基準となる期待を共有することである、と思われる。また基準が維持される理由の一部は、〔それがそれぞれの成員に〕内面化されることを通してなのである。一つの規則が破られると、平衡をとりもどす措置がとられる、すなわち矯正機関か、あるいは違反者自身かのいずれかが、破壊行為を終熄し、破壊されたところを修復するのである。

しかしながら、この試論で取り扱われる基準《ノームズ》はアイデンティティないし生の在り様《ビーイング》にかかわり、したがって特殊な種類のものである。この種の基準を維持し得るか否かは、個人の心理的全一《インテグリティ》感にきわめて直接的な影響を与える。同時にこの基準は単にそれを維持しようとするだけの気持――単なる善意――では不充分なのである。というのは多くの場合に個人は、当面問題とされている基準をどの水準で維持し得るかに関しては、それを直接制御／支配《コントロール》する力はまったくもってはいないからである。それは個人がおかれている〔客観的〕条件の問題であって、彼の意志の問題ではないのだ。それは客観的条件への他律的順応（conformance）の問題であって、自発的応諾（compliance）のそれではないのである。人は自己の立場を知りそれを守るべきだ、という前提は〔論理上のもので、〕それが〔現実に〕導入されたとき初めて、個人の社会的条件に対する自発的行為の〔機能論的な意味で〕十全な等価体《エクイヴァレント》といい得べきものが存在し得ることになる。

一方には、たとえば視力のあること、文字の読めることなど、社会の大半の人びとが通常は充分適切に維持している基準《ノームズ》がいくつかあるが、また他方には、たとえば肉体の端正さに関連する基準がある。それは理想という形をとっておりそれに照合してみると、人生の何らかの場面では誰一人としてそれに達することができない標準である。また多くの人びとが〔個々の〕基準を満たしていても、〔一人が同時に満たさなければならない〕基準が多様であるために多数の人びとが失格するという結果が生ずることになる。たとえばアメリカにはある意味でたった一つの〔型の〕完全に無疵の男性しかいない。すなわち若くて、既婚の、白人で、都会に住み、北部出身で、大学教育を受けた、性的に正常で、プロテスタントの、子供がいて、ちゃんとした職につき、きれいな肌をし、中肉中背、何かスポーツで最近に一ついい記録を出している男がそれである。あらゆるアメリカの男性は誰も彼もこの世をこの視角から眺める傾向がある。アメリカにおける共通の価値体系とわれわれがいう場合、右の視角こそその一面を構成しているのである。これらの基準のどれにも達していない男性は誰によらず、少なくともこのことを考える間だけは、自己自身を取るに足らぬ、不完全で、劣等な者と見る傾向がある。ときには、知らぬ顔《パス》を決め込むか、ときにはまたおそらく好ましくないと見られていると自分では心得ている自己自身の周知の側面について、弁解がましかったり、攻撃的になったりしている自分に気づくことがあるかである。社会のアイデンティティに関する共通的価値〔つまり上述した意味での基準〕は、完全な形でどこかに保存されているというわけではないが、それでも日常生活のいたるところで生起する人と人の出会いに、ある種の影を投じているのである。

さらに、どちらかといえば静態的な身分の属性に関する基準より以上のものが〔アイデンティティに関する価値には〕含まれている。事はただ単に〔消極的な〕問題に尽きるのではなく、〔積極的に〕人目に訴えてくる（obtrusive）問題もあるのである。右の事情に含意されているのは、対面的コミュニケーションのエチケットに不可欠の多くの副次的基準を守り得ない場合、そのことはさまざまな社会的場面で〔エチケットの〕違反者が受け容れられる条件に非常に広汎な影響を与えることがあり得る、ということである。

したがってこの著作で概説したような境涯に悩み苦しむ人びとの数を数えることはあまり役に立たないのである。かつてE・レマートが指摘したように、数は人がこの位あって欲しいと思うだけになることがある。[2] その上、自分自身の欠点に由来しないスティグマ（a courtesy stigma）のある人びとを集計し、さらに一度はそのような立場を経験したことがあるか、あるいはただ年をとるというだけの理由でそのような立場を経験するように運命づけられているような人びとをも集計するならば、問題は自己自身のスティグマに関して経験をもつか否かではなく、むしろどれほど多様な種類のスティグマに関して自己自身が経験をしているか、ということになる。

以上のことから、アイデンティティに関する基準は、他律的順応《コンフォーマンス》はいうまでもなく逸脱をも産み出す、といってよかろう。この基準の存在する状況をめぐる二つの一般的解決はすでに示した。一つの解決は、あるカテゴリー所属の人びとがある基準を支持することになってはいるが、彼ら自身も他者も当のカテゴリーはその基準を実現する場ではなく、また個人がそれを実践する場でもない、と定義することだった。第二の解決は、所与のアイデンティティに関する基準を守れない個人が、この基準を維持している共同体から離脱するか、それともさしあたってこの共同体に愛着を覚えるのを抑制するか、することであった。たとえ常時わずかながら行なわれているとはいえ、これは社会にとっても個人にとっても損失の大きい解決であるのはいうまでもないことだ。

上述の解決の過程を合わせると、維持されない基準という問題に対して第三の主要な解決が成立する。この過程によって、基準の共通基盤が、基準を十分に実現している人びとの範囲を越えて維持されることになる。いうまでもなくこれは右の過程の社会的機能について述べたものであって、その原因または望ましさについての陳述ではない。〔この過程には〕パッシングならびに擬装工作が含まれており、研究者には印象の管理／操作の技法《アート》の特殊的応用例が提供されている。この技法は社会生活に基本的なものであり、これを用いて人は自己のイメージと、他者が収集するはずのさまざまの彼の産出物を戦略的見地から制御《コントロール》するのである。この過程にはまた、常人とスティグマのある者の間で、ある種の密かな協調関係が働いている。逸脱者は他者が彼の秘密を注意深く慎重に扱うか、露顕することがあっても軽くやり過ごすか、秘密が秘密に留まることを妨げる証拠があればそれから視線をそらしてくれるので、基準から離脱せず留まることができるのである。その反面で、右のように行動する他者《ノーマルズ》の側では、スティグマのある者が常人の我慢の限度をはるかに越えたところまで受け容れられるように要求するのを自発的に差し控えるから、上述のように如才なく振舞うことができるのである。

逸脱点《ノーマル・デヴィアント》のある常人

次に注目したいのは、スティグマの管理／操作は、いずれの社会にも普遍的に認められる要件、すなわちいずれの社会でもアイデンティティに関する基準が存在するところには生起する過程であるということである。さまざまの同一の要件が、主要な特異性すなわち伝統的にスティグマ的と定義されている種類のものが問題になる場合にも、あるいはまた面目を失った《シェイムド》〔と一度は思った〕人が、恥じたことを後で恥ずかしく思うほどの取るに足らないスティグマが問題になる場合にも、含まれている。したがって常人の役割とスティグマのある者の役割は同一複合体の部分をなし、同じ標準という布からの端切れではないのかと考えられる節がある。いうまでもなく、精神医学的志向をもつ研究者たちは、しばしば自分を貶め賤しむことから病理学的結果が生ずることを指摘している。同時にまた彼らはスティグマのある人びとに対する偏見も一種の病であることがあり得ると論じている。しかしながらこれらの両極端にわれわれの関心はない。というのはこの試論で考察されたさまざまの反応と適応のパターンは、正常《ノーマル》心理学の枠組内で充分に理解できるものと思われるからである。第一に想像できることは、異なるスティグマをもつ人びとは〔スティグマの多様性にもかかわらず〕明らかに類似した状況におかれており、また明らかに類似の仕方で反応するということである。近所の薬局の薬剤師は近所の人びとと話す機会が多かろう。したがってさまざまの器具とか薬品を求める人びと——非常に多様でただ情報を管理《コントロール》しておきたいという点以外には共通点のない人びと——は近所の薬局を避ける。第二に想像できることは、スティグマのある人びとと常人は、同じ精神構造をしているということ、またこれは必然的にわれわれの社会の標準的な精神構造だということである。したがってこの二つの役割のいずれか一方を演ずることができる人は、まさしく他方の役割を演ずるのに必要な備えも構えもできているということである。事実、いずれかの具体的なスティグマに関して、その役割を演ずる何らかの経験を発展させてきたはずである。何より重大なことは、恥ずべき差異という概念自体が、アイデンティティに関する中心的信憑についての類似性を前提にしている、ということである。人はまったく異常な感情や信憑をもっている場合でも、他人からこれらの異常な点を隠すことに、きわめて正常な関心をもち、それらを隠すことを企図して、これまたきわめて正常な戦略をいろいろ用いるものである。たとえば精神疾患の病歴をもつ人びとの状況がそのことを示唆している。

いろいろ問題になることがあるが、そのうちの一つに、〈心身の条件に適《かな》った仕事に就く〉(reasonable employment)とはどういうことなのかということがある。患者には、なぜある特定の仕事が彼らにとって〈心身の条件に適わない〉のか、あるいは駄目なのか、説明することができないものがときたまある。しかし多くの場合は、むしろ説明したがらないのである。ある中年男は暗闇が恐くて無理に頼んで、叔母と一緒の部屋で寝ているとか、また冬暗くなってから独りで家へ帰らなくてはならないようなところでは働けないとか、説明することができなかった。彼は恐怖心を克服しようとはするが、夜ひとりにされると身体的に疲れ果ててしまうのである。このような場合――他にもいろいろあった――元精神疾患者は嘲笑、侮蔑、〔相手の態度の〕刺々しさを嫌がって、提供された仕事を断ったり、中途で止めたりする本当の理由を説明することが困難になってしまう。このようなわけで、彼はすぐに仕事嫌い、雇用不能というレッテルを貼られることになるが、当然これは経済的破綻を招く。[3]

同様に老齢の人が何人かの親しい友人の名前を想起することができないと知ったとき、彼らに会いそうな会合に出かけるのを尻込みすることもあろう。しかしこれは老化とはまったくかかわりのない人間の能力に関係する当惑と計画の問題の具体例なのだ。

以上のことから、もしスティグマのある人を基準から逸脱《ず》れた人とよぶとすれば、少なくとも彼の状況がここに提出された枠組の中で分析される範囲では、逸脱点のある常人(a normal deviant)とよぶべきではなかろうか。

このような自己-他者、常人-スティグマ所有者〔はカテゴリカルに異なるのではなく〕連続体《ユニティ》〔の両端であること〕を直接に証明する事実がある。たとえば整形手術が成功して、突如として自分がスティグマから解放されたと知った人びとは、すぐに自分自身にもまた他人にも、パースナリティが受け容れられ易い者(the acceptable)の方向に向かって変化したことが認められよう。[4] これは突如として障害をもつに至った人が、比較的短期間にパースナリティの上に明らかな変化を経験するのと同じである。[5] これらの人によく認知される変化は、人が対面的相互交渉における受け容れに伴う偶発的与件に対してある新しい関係に立たされ、その結果、新しい適応の戦略を用いることになったことによるものらしい。さらに重要な証拠が社会学的実験から得られている。この実験において被験者は故意に何らかの障害、たとえば半聾、を装う(もちろん一時的に)。すると彼らは無意識のうちに、実際にこの障害をもっている人びとの間に認められる反応を示し、彼らの使う手だてを用いるようになるのである。[6]

さらに別の事実を指摘しておこう。スティグマのある者の身分《ステイタス》から常人の身分への変化は、望ましい方向への変化と考えられるので、それが生じたときには変化の生じた当の個人は心理的にその変化に耐えることができる。このことは理解できないことではない。しかし常人の生活から異常者の生活へと、人生に突然の変化を生じた人びとが、どのようにしてその変化を心理的に耐えて切り抜けることができるのか(しかも彼らは多くの場合それに成功している)、理解することはきわめてむずかしい。右の二つの型の変化が耐えられるものであるということ——ことに後者——は、普通の能力と訓練があればわれわれはいずれの可能性にも対処することができるようになる、ということを示唆している。これらの可能性が一度分かると、あとのことは単純である。自分が圏外にいる、あるいはかつては圏外にいたが現在はそうではないと知ることはしたがって、複雑なことではなく、単に古くからある準拠枠に新たに帰属し直すことであり、以前には他人のこととして知っていたものを仔細に自分自身に引き受けることなのである。このように、突然スティグマをもつことで生ずる苦痛は、当の個人が自分のアイデンティティについて混乱することに由来するのではなく、彼の身に生じた現実をよく知り過ぎていることに由来するのである。

時をかけると、人は常人‐逸脱者のドラマのなかの双方の役を演ずることができる。しかし社会的に生ずるわずかの限られた時間内でも、ただ単に二つの役割に耐えるという一般的能力ばかりでなく、役割に必須とされる行動を現実に行なうのに必要な注意深い学習と、〔学習したことを〕自在に駆使する力を示して、二つ役割《ショー》の遂行能力があることが明らかになるに違いない。このことはスティグマのある者と、常人のそれぞれの役割が、単に相補的であるという事実によってのみ助長されているのではないのは、いうまでもないことだ。それらはまたいくつかの驚くほど平行している点、類似している点をも示しているのである。〔たとえば〕各々の役割の遂行者は調整の手段としての他人との交流から手を引くこともあろう。また各々は自分が相手に充分に受け容れられていないと感ずることもあろう。またそれぞれの人が自分自身の行動が過度に念入りに観察されていると感じることもあろう——しかもこの感情が正確であることがある。各々がただ面倒に直面しなければならぬ破目に陥らないように、自分の〈同類〉のところに留まっていることもあろう。さらに役割の間に否定しようもなく現存するさまざまの非対称的な点と相違点は、しばしば現に進行中の社会的場面を維持するという共同の重要課題を促進するような範囲内に留められるのである。一組の常人‐スティグマ所有者の一方が、何らかの適応的戦術をとらずにいるとき、他方がどこで一歩立入って、どのようにその役割をとるべきかを看取するためにも、相手の役割に対する配慮は行届いていなくてはならない。たとえばスティグマのある者が万一にもさりげなく自己の障害を示すことができないでいるときは、〔さりげない態度をとる〕仕事は常人が引き受けることになろう。また常人たちが如才なく面倒を引き受けてスティグマのある者に手を貸そうとする場合も、彼はその善意のある努力に対する顧慮から、苦痛をこらえてその助力をいさぎよく受け容れることになろう。

一人で相互に相反する役割を遂行する（two-headed role playing）実例は至るところにある。たとえば、遊び半分にしろ、真剣にしろ、人びとは越境《パス》する。しかも彼らは二つの方向、つまりスティグマのある者の仲間に参加する方向とそこから離脱する方向、に越境するのである。もう一つの実例は心理劇《サイコドラマ》である。この〈心理療法〉は精神疾患者と、精神疾患のない者たちが舞台上で役を交換し、〔互いに〕相手に向かって自分の役割を演じている者に対して常人の役割を演じて見せることができる、ということを前提している。事実、彼らは大して台詞を教えてもらわなくても、相当達者にこの舞台を上演することができるのである。第三に、個人が同時に常人とスティグマのある者双方の役割を駆使することができるという実例は、陰でいう冗談に認められる。常人たちが自分たちだけでいるとき、何かスティグマのある人間の型を〈まねて演じて見せる〉。もっと適切な例は、スティグマのある者がこれと同様な状況で、自分のことはもちろん常人をまねて演じて見せる。彼はおどけて屈辱の場面を上演し、そのなかで自分の仲間の一人にもっともえげつない常人の役割を演じさせ、しばらくの間自分はその相手の役割を演じ、ついには〔えげつなく扱われる役柄に〕感情を移入して反抗的振舞い〈vicarious rebelliousness〉を爆発させるのだ。この種の哀しい楽しみの一つに、〈双方の接触する〉社交場面では通常タブー視されているスティグマを表示する言葉を、不真面目な呼びかけに使用するというのがある。[7] ここに再度述べておきたいことは、スティグマのある者によるこの種の冗談は、それをいう当の個人が自分自身に対して、習慣的《クロニック》にとるある種の距離を示すということではない。むしろ更に重要な次のような事実を示すものである。スティグマのある者は、先ず第一に他の誰とも同じ人間であり、彼の同類の人間に関する他者の見解を何よりも先につめ込まれていること、〔第二に〕他人と居合わすところではスティグマを貶め賤しむ相手に対して抵抗する特別な理由をもち、他者不在のところでは〔同類の〕スティグマについて論ずる特別な免許《ライセンス》をもっているという点で常人とはさしあたり異なっているということ、である。

自虐的な言葉や調子《スタイル》を気軽に使用する特殊な例は、〔スティグマのある者の〕集団の職業的代弁者が提供している。常人に向かって自分の集団を代弁する立場にあるとき、彼らは模範的な型で常人の理想を体現していることがある。それが〔彼らの〕選ばれた理由の一部であろう。しかしながら代弁者が自分の仲間の社会的催事に出席するとき、自分たちは仲間の慣習や、自分自身の位置を忘れてしまっているわけではないことを示す特別な義務を感じ、舞台の上では彼らのアイデンティティをユーモラスに戯画化した仲間内の言葉《ネイティヴ・ダイアレクト》、仕草、表情などを使うことになろう。（このようにすると、聴衆は自分たちがまだいくらかはもっているもの、つまり常人との共通点、に決別し、未だ充分にもつには至っていないもの、つまりスティグマのある者の諸特質に同類意識を抱くことができるようになるのである。）しかし右のような演技は、しばしば拵えられ、小ぎれいにされた側面をもっている。すなわち明らかにどこか〔不要部分〕を括孤のなかに入れ、一つの技《わざ》にまで仕上げられたものが認められるのである。いずれにせよ、上に挙げたような代弁者にわれわれがいつもきまって認めるのは、彼らは一面では仲間のなかの常人的態度を志向する大半の人びとより、はるかに〈常人的〉に振舞う能力が豊かで、他面では同時に仲間のなかの常人らしくするように仕向けられている人びとより、もっと自在に身内の慣習《ネイティヴ・イディオム》を駆使することができる、ということである。この二つの顔を使い分ける能力を欠いている代弁者は、その能力を発達させるように圧力をかけられている自分に気づくであろう。

スティグマと現実

これまでの論点は、即自的な社会的アイデンティティと対他的な社会的アイデンティティの間にあるさまざまな乖離に、中心的意義《ロール》が与えられるべきであるということであった。緊張処理と情報の管理／操作――すなわち、スティグマのある者は、侮辱と信頼喪失〔の危機〕に晒されている傷つき易い自己を他者にどのように呈示し得るかという問題――が強調された。しかしこの点で分析を中断することは、実際にははるかに脆弱なものに堅固な現実性を与えることになり、偏った展望をつくりだすことになる。スティグマのある者と常人は互いに相手の一部をなしている。すなわちもし一方が傷つき易いと分かれば、他方もまた傷つき易いことが証明されるものと期待できるはずである。というのは包括的な社会的脈絡（the wider social setting）およびそこに生活する人びとは、信頼を失う事情の有無に関わりなくさまざまのアイデンティティを人びとに帰属させて、ある意味で、自分たち自身を危険に晒してきた。彼らは自らの愚かさを証明する俎上にのせてきたのである。

　以上のことはすべて、パッシングはときとして遊びのつもりでされる、という言明にすでに含意されていた。ときおり越境する人は、しばしば常人の愚かさの証拠として、また常人と彼の特異性をめぐって常人がする議論はすべて単に合理化に過ぎないという事実の証拠として、仲間に越境した話をする。[8] このようなアイデンティティ同定の間違いを越境する者とその仲間の者たちは忍び笑いをしたり、ほくそ笑んだりの種にする。同様に日頃よく個人的アイデンティティや職業的アイデンティティを隠して越境する人びとが、悪魔をもあざむく楽しみをもつことがある。越境者は何も疑わない気のいい常人を話に引きずり込み、常人は越境者が同席していることで間の抜けたもの《ディスクレディット》になるような話を散々言いちらし、気がつかないうちに道化を演ずる羽目に落とされているのだ。このような場合、不実なのは、特異性をもつ当の人ではなく、むしろ誰にせよこの場面に居合わせ、常套的な交流の在り方を維持しつづけようとする人すべてなのである。

　しかしもちろん、危機に瀕しているのは人ではなく、状況であることを示すいっそうはっきりした例がいろいろある。たとえば身体的にハンディキャップのある人が、見ず知らずの人びとから交渉開始を告げる同情的で穿鑿《せんさく》的な態度を示され、これを受け容れなければならない場合、ときとして気転とは言えないような仕方で自己のプライヴァシーを守ることがある。たとえばある片足を切断した少女は未知の人びとに足をなくした理由をいろいろ尋ねられることが多いので、彼女が〈ハムと足〉と称するゲームを考案した。このいたずら《プレイ》の狙いは劇的に演じられた途方もない説明で相手の好奇心を封ずるところにあった。[9] 同様の境遇にある別の少女は類似の戦略を伝えている。

どうして片足を失ったのかというたびたびの質問は私をうんざりさせました。それで私は人びとが根掘り葉掘り聞くのを封ずるようなきまりの答を考案しました。「金融会社からお金を借りたんです。そして担保に足をとられたんです！」[10]

好ましくない出会いを終結させる無愛想な応答がいくつか報告されている。

「可哀そうに、足をなくしたんだね。」これこそ一本とる好機なのだ。「私、何て不注意なんでしょう！」[11]

さらに、〈人を愚弄する〉というあまり穏やかでない遣り方がある。これは社交を目的とする会合で、障害をもつ者の仲間のなかの威勢のいい連中が、不器用に同情を表明する常人向きに、彼らの身の上や感情について、やがて拵え物であることが自ら分かるように仕上げられた話を創作する、というようなものである。

冷ややかな一瞥ももちろん、機先を制して交渉の芽をつんでしまう。たとえばある攻撃的な矮人症の人の追想録にその例がある。

> 鉄面皮の連中がいて、彼らは山から旅廻りの見世物を見に下りてきた奴みたいに、じろじろと見た。紙に穴をあけて見るようなのもいた。彼らはそうしているところを見つかると、顔を赤くして引き下がるような盗み見型である。人を哀れむのもいた。彼らは私の前を通り過ぎるや否や、舌を小さくつっつっつっと打つ《タング・クリッキング》のであった。ずっと始末悪いのはお喋りで、奴らは何をいっても〈始めまして、おチビさん〉といっているのと同じことだ。連中は眼でも、態度でも、声の調子でも、そういっていた。
>
> 私には一つの標準的な防禦法があった——冷ややかな一瞥がそれである。このようにして他人に鈍感になり、私の基本的問題——〔気持ちの上で〕殺されずに地下鉄の乗り降りをするという——に立ち向かうことができたのであった。[12]

これは、自分たちを嘲弄する者をときにやっとの思いで叩きのめすことができた肢体の不自由な子供たちや、あるいは、慇懃《いんぎん》に、しかし、きっぱりとある場所から締め出されても、慇懃に、しかも、きっぱりとその場所に多勢で断固として入ろうとした人びとに、きわめてよく似ているのである。[13]

特定のスティグマのカテゴリーの温和な成員、また思慮深く節度のある常人（the normals with civility）によって支持されている社会的現実はそれ自体一個の歴史をもつ。たとえば離婚とかアイルランド系出自の場合のように、属性がスティグマとしての力をほとんど失っているとき、従来の状況の定義は初めはおそらく喜劇の舞台で、次には公共の場所でのスティグマのある者と常人の相互接触を通じてますます攻撃に晒されるだろう。しかし最終的にこれまでは気楽に目を向けられなかったもの、秘密にされていたものあるいは苦労して注意を逸らさなくてはならなかったもののいずれについても自制心《コントロール》を働かすというようなことがなくなるまでには、まだいくらかの時間の経過が必要であろう。

結論として私が再度述べておきたいことは、スティグマとは、スティグマのある者と常人の二つの集合（pile）に区別することができるような具体的な一組の人間を意味するものではなく、広く行なわれている二つの役割による社会過程（a pervasive two-role social process）を意味しているということ、あらゆる人が双方の役割をとって、少なくとも人生のいずれかの出会い《コネクションズ》において、いずれかの局面《フェーゼズ》において、この過程に参加しているということ、である。常人とか、スティグマのある者とは生ける人間全体《パースンズ》ではない。むしろ視角《パースペクティヴ》である。それらは、おそらくは出会いを機に具体的に作用することになる未だ現実化していない基準によって、さまざまの社会的場面で、両者が接触する間に産出されるものである。ある特定個人の終身的属性が彼をある型にはめ込むこともあろう。つまり彼はほとんどあらゆる社会的場面でスティグマのある者の役割を演じなくてはならないかも知れない。言い換えると、私も本書においてしてきたように、その生の状況が常人とは対蹠《たいせき》的な位置にあることから、彼をスティグマのある人間とよぶのを当然のことにしてしまうのである。しかしながら彼に特定のスティグマを与えている属性は、常人、スティグマ所有者の二つの役割の性質を決定するものではなく、ただそのなかのどれか一つを彼が演ずる頻度を規定しているに過ぎない。さらに含意されているのは、相互作用時における役割であって具体的な個人全体ではないから、多くの場合ある面ではスティグマのある個人が他の面でスティグマのある人びとに対して抱く偏見が全部常人のものそっくりそのままであっても、驚くにはあたらないということだ。

　ところで対面的相互交渉は、少なくともアメリカ社会ではこの試論で考察したような種類の面倒《トラブル》にとくに傾斜した形で構成される、というのは確からしい。また対他的アイデンティティと即自的アイデンティティとの乖離は常に生起し、かつ（信頼を失った者には）緊張処理と（信頼を失う事情のある者には）情報の管理／操作の必要を常に作りだしていることも確からしい。スティグマがきわめて可視的であるか、人目を惹く場合、あるいは家系を通して遺伝する場合、そこから帰結する相互交渉上の不安定の諸相は、スティグマのある者の役割を振り当てられた者たちに非常に広汎な影響を与える。しかしながら、ある特定の個人的属性の一見すぐ目につく望ましからぬ点、およびそれが上述してきたような多様なスティグマ所有者‐常人間の交渉過程のきっかけとなっていること（its capacity to trigger off）には、それ自体固有の歴史、目的追求的な社会的行為によって規則的に変化させせられる歴史、がある。過程としてのスティグマは一般的な社会的機能――社会によって支持されていない人びとのなかに社会に対する支持を得るという社会的機能――をもっているようであり、おそらくはその機能の効果の程度に比例して変化しにくくなるだろうと論ずることもできるが、スティグマの種類如何によっては著しく違ったその他の機能が含まれているらしい、という点も看過されてはならない。道徳的に芳しくない記録をもつ人びとにスティグマを帰属させることは、形式的社会統制として機能している。特定の人種集団、民族集団、宗教団体の成員にスティグマを帰属させることは、これらの少数者集団を種々の競争の行なわれる通路から遠ざける一つの手段として機能してきたことは明らかである。身体的障害をもつ人びとを貶め賤しむことは、おそらく配偶者選択の範囲を狭めるように機能していると解釈することができよう。[14]

V　さまざまな逸脱行為と逸脱

ひとたび恥ずべき特異性をめぐる力動的過程が、社会生活の一般的要件として見られるようになると、その研究と、〈逸脱〉という用語に関連する周辺的問題の研究との関係を見るところまで歩みを進めることができるようになる――逸脱という用語は近時の流行語であるが、この試論ではこれまでこの用語の便利さは無視して、どちらかといえば避けられてきた。[1]

ある種の価値〔体系〕を共有し、行為ならびに個人的属性に関する一組の社会的基準を遵守《じゅんしゅ》する人びとからなる集団というごく一般的な概念から出発すると、そのような基準を遵守しない成員を逸脱者、また彼の特異性を逸脱行為と称してよかろう。私の考えるところでは、それだけで充分に一つの特殊な分析を保証するようなすべての逸脱者に共通の特質というようなものはない。すなわち彼らには類似点より、むしろ相違点が多い。その理由の一端は逸脱行為の生起する舞台となる諸集団が、その大きさによって、相互に完全に異なっていることによるものである。ところで、この問題領域はさらに小区画に再分割することができ、そのなかのいくつかは深く探究するに値する。
　周知の通り、緊密に組織された小集団内で高位であることが確認されている位置には、逸脱する免許したがって逸脱者たる免許が附帯している。この種の逸脱者と集団の関係および成員が彼に抱くさまざまなイメージは、彼の逸脱行為によっても改められることのないほどのものである。（しかしながら集団が大きいとき、著名人たちは人に見られるところではどこでも、完全に〔基準に〕同調しなくてはならない、と認めるであろう。）肉体的に病人であると定義されている成員も、右とほぼ同一の事情にある。病人としての身分《ステイタス》を適切に扱う限り、彼はパフォーマンスの基準から逸脱しても、そのことが彼の身の上にも、あるいは彼と所属集団との関係の上にも、影響をおよぼすことはない。こうして著名人も病人も自由であり逸脱者たり得る。というのは彼らの逸脱行為は完全に度外視されており、したがっていかなるアイデンティティ同定の修正（re-identification）をも必要としないからである。すなわち、彼らのおかれている特殊な状況は、彼らが――この逸脱者という語が普通に理解されている限りでの――逸脱者などではないことを証示しているからである。[2]
　多くの緊密に組織された集団ならびに共同体には、行為または彼の属性のいずれか一つの点で、あるいは双方共に、逸脱していてその結果、特殊な役割を演ずるようになる、すなわち集団の象徴となったり若干の道化役的機能を行なう者になったりする、成員の例が数多くある。この場合、彼には一人前の正規の成員に与えられている当然の扱い《リスペクト》が否定されている。[3] 特徴的なことは、右のような個人は社会的距離の約定《ゲーム》を守《プレイ》ることを止め、意の赴くままに人に近づいたり、また近づかれるままになっている。彼はしばしば人の注意の焦点となり、人びとを集めて彼をとりまくサークルに参加させる。ところがこのことが一人の参加者としての身分のある側面を彼から剥奪するのである。彼は集団のマスコット役を演じているが、いくつかの点でその集団の正規の成員としての資格も与えられている。村のお目出度い男《イディオット》、小さな町の呑ん兵衛、小隊の道化者などは古典的な例である。フラタニティ*の太っちょもそれに似た一例である。この種の人物は集団に一人で十分である。というのは一人が必要とされる全部だからである。他にもいれば小社会《コミュニティ》にとってはただお荷物が増えるだけである。彼を内集団逸脱者（an in-group deviant）とよんでもよかろう。これは、彼がただ単に基準だけでなく、具体的集団との関連において逸脱者なのであり、彼の集団への組み込まれ方は両義的ではあるが、密接である点が別の型の周知の逸脱者と違っているところを注意してもらうためである――別の型の逸脱者とは常時集団内で社会的場面にいるが、しかしその集団の成員にはならないような集団内孤立者（the group isolate）のことである。（内集団逸脱者が外部の者に攻撃されると、集団は彼を援護する。しかし集団内孤立者は攻撃されても、自分で自分を守らなくてはならない公算が大きい。）ここで考察されるどの型の逸脱者もすべて、彼らに関する包括的な生活誌的情報――すなわち完全な個人的アイデンティティの同定資料――が、行きわたっているような範囲内に限定されていることに注意していただきたい。

すでに指摘されたところでは、小集団内では、内集団逸脱者は他の型の逸脱者とは区別することができる、ということであった。というのは後者とは違って前者は、成員が平均的に支持している規範《モラル》生活にほとんど（in a skewed relation）従っているからである。事実もし内集団逸脱者と並べて他の社会的役割を考察してみようとするなら、逸脱者とまでは見られていないまでも、通常の規範《モラリティ》の外側にいる人の役割を見るのが役に立つだろう。〈準拠体系〉（the system of reference）を小さい家族的な集団から、それ以上の役割の専門化を必要とするような集団に移すと、二つの次のような役割が顕在化してくる。規範の外側にある役割（morally mis-aligning roles）の一つは、新教の牧師、あるいはカトリックの司祭のそれである。この役割の遂行者は義《ただ》しい生活を象徴し、義しい生活を常人の程度を超えて守ることを強いられている。残る一つは法官の役割である。この役割の遂行者は他の人びとの目につく違反から日常的慣行《ルーティーン》〔の基準〕を決定しなくてはならないのである。[4]〈準拠体系〉を対面的地域社会から、巨大都市というきわめて広い世界〈およびその保養地または住宅地などの関連地域〉に移すと、逸脱行為にもそれに対応した多様性と意味が認められる。

この場合、この種の逸脱行為のうち重要なのは、故意に、かつ公然と、割り当てられた社会的位置の受け容れを拒絶するように見られる人びと、ならびにわれわれの基本的制度[5]——すなわち家族、年齢階梯組織、両性間のステレオタイプ化した役割分担、特定官庁の裁定した個人的アイデンティティの維持を含む合法的な常勤の仕事〔戸籍管理、出入国管理など〕、階層および人種《レイス》による分離など——という観点から見ると、基準から外れてまた或る意味で反抗的に行為する人びと、が示す種類の逸脱である。これらは〈離脱者たち〉(disaffiliates)である。独立して自らこの立場をとる者たちは、奇人《エキセントリック》、あるいは〈変わり者《キャラクター》〉とよばれよう。その活動を一定の建物、場所を中心に、(そしてしばしば特殊な活動をめぐって)集団的に行なう人びとをカルト集団と称してよかろう。集まって一つの準共同体、あるいは生活環境を、作るようになる人びととは集団的逸脱者(social deviants)、その共同生活は逸脱的共同体とよばれる。[6] 彼らは特別な型の、しかしわずかに一つの型の、逸脱者を構成するに過ぎない。

もし〈逸脱〉という一つの研究分野があるとすれば、おそらくその核を構成すると思われるものは、ここに定義されたような意味での集団的逸脱者であろう。それには、売春婦、麻薬中毒者、非行者、犯罪者、ジャズ演奏家、ボヘミアン、ロマニ、カーニバルの香具師、放浪者《ホーボー》、安葡萄酒《ウィノス》中毒者、旅芸人、賭博常習者、波止場ルンペン、同性愛者、[7] 再起しようとしない都会の貧困層などが——含まれる。これらは社会秩序を何らかの仕方で集団的に否定する行為を行なっていると考えられる人びとである。この種の人びとは社会の多様な公認の通路にある向上のために利用し得る機会を用いようとしない者と見なされている。彼らは自分たちよりよい生活をしているものにあからさまな敵意を示し、謙虚さに欠ける。集団的逸脱者は社会の動機づけの枠組に収まらなかった人びととの代表である。

ひとたび集団的逸脱という核が確認されると、さらに周辺的な事例に進むことができる。違った仕方で投票するばかりか、政治的に必要な以上に自分の仲間の者たちと一緒に時間を過ごすことの多い地域社会に根を下ろした政治的過激派。管理職の週の予定には組み込まれず避暑地から避暑地へと漂いながら時を過ごす金持ち。駐留軍の酒保《ピー・エックス》とか、アメリカン・エキスプレス〔の海外〕支店から日課にわずかに数歩しか外へ出ない国籍離脱者《エクスパトリエット》〔雇用されていることもあるし、無職のこともある〕、自分たちが生まれた社会（the parent society）と自分たちの両親の社会（the society of their parents）の二つの世界で育てられてから、自分たちに開かれている型通りの社会移動の通路に決然と背《そむ》き、小学校、中学校での社会化〔の結果〕を、常人の多くが正統派宗教のグロテスクな衣服と見なすもので身を包み、〔自分の生まれた社会への〕民族的同化に背を向ける者たち（ethnic assimilation backsliders）、大都会の未婚者ならびに結婚しても家族を養う機会を自らもとうとせず家族制度に、たとえ穏やかで短命とはいえ、敵対的な怪しげな団体を支持している者たち、などである。これらほとんどすべての場合に、奇人とかカルト集団の場合もそうであるように、何らかの離脱劇（show of disaffiliation）が演じられる。この点で一方にこの型の逸脱者のすべてと、他方に逸脱的行為者、すなわち静かな離脱者たち——自分の余技に没頭して市民的義務への顧慮はわずかに薄い皮膜程度しか残っていない趣味愛好家、たとえば熱心な切手蒐集家、クラブ所属のテニス選手、スポーツ・カー狂——の間には引き得る細々とした一線があるのみである。

集団的逸脱者は、先に定義されたように、自分の〔社会的〕位置を拒否するところをこれ見よがしにやり、一時的にはこういう派手な反抗も許容される。それも彼が所属する共同体という生態学的境界内に留まる限りでのことである。それらの共同体は民族的居住区域や人種的居住区域同様、自己防衛のための避難所であり、ひとりひとりの逸脱的行為者が少なくとも自分は他の誰とでも同じなのだという態度を大っぴらにとれる場所でもあるのだ。しかもさらに、集団的逸脱者はしばしば、自分は常人と対等であるばかりか、むしろ常人より優っているし、自分たち集団的逸脱者が送っている生活は、彼らもあるいはなっていたかも知れない種類の人間つまり常人、が送っている生活より上等なのだ、とも感じているのである。集団的逸脱者はまた、落着きのない不安定な常人にいろいろな生活上のモデルを提供している。そして不安定な常人から彼らは同情ばかりでなく、新規加入者をも得ている。（もちろん、カルト集団も改宗者を得る。しかしこの場合、焦点は生活のスタイルではなく行動の基本方針にある。）事情通は　同情的協力者《フェロー・トラヴェラーズ》となることがある。

理論的にいえば逸脱者共同体は包括社会のために、内集団逸脱者が自分の所属集団の仲間たちのために演じたのとどこか類似した機能を果たすようになることがあり得る。しかしこれは考えられることだが、まだ誰一人として証明した者はないようである。問題は逸脱者共同体への新規加入者が輩出する広大な領域自体は、対面的小集団の場合のように、多様な必要と多様な機能をもつ明瞭に一つの体系をなすもの、すなわち統合された単位存在（an entity）ではないということである。

以上で二種類の逸脱者が考察されてきた。すなわち内集団逸脱者と集団的逸脱者である。これに接する二つの型の社会的カテゴリーについても述べなくてはなるまい。第一は、民族的《エスニック》少数者集団および人種《レイス》的少数者集団である。[8] すなわち共通の歴史と文化（そしてしばしば同一の国籍）をもち、成員資格を家系を通じて伝達し、成員の一部に忠誠の証《あかし》を示すよう求める立場にあり、社会で比較的不利な位置におかれた人びと〔の集合〕である。第二は、かなり人目につく程度に自分の身分《ステイタス》の徴を言葉、外見、作法などに示し、社会の公的施設に入ったとき、自分たちが二流市民であることを思い知らされる下層階級の成員である。

ここで明らかなのは、内集団逸脱者、集団的逸脱者、少数者集団の成員、下層階級の人びとはすべて、何らかの機会にスティグマのある者として機能している自己に気づくことがあるということだ。彼らは対面的相互交渉で彼らを待ち受けている取り扱いについて予想が立たず、しかもこの苦境に対する多様な反応に深く心を煩わしているのである。商業上あるいは行政上のサービス機関と何らかの程度の関係をもたねばならないときに限られるが、ほとんどすべての成人にこのようなことは起き得るのだ。したがってこの種の機関では、市民としての資格以外は何も求められず丁重で公平な接客態度が行きわたっているものと想定されているが、実際には中流階層の理想に基づいた不公平な評価が〔接客態度に〕表出されているのが気になるような機会も生ずるのである。

しかし、これら四つのカテゴリーのどれ一つとっても、それを充分に考察しようとすると、スティグマの分析に際して考慮する必要があることを越えてまたそれからはみでて行くことになろうということは、まったく明白なことである。たとえば成員が彼らの生活環境と無関係な場合はとくに、自分たちが社会的に受け容れられているかどうかについて特別に関心を払わず、したがってスティグマの管理／操作と関連させてはほとんど分析できないような逸脱者共同体がある。一例をあげれば、アメリカの避寒地海岸という生活環境がそれである。ここにはまだ仕事に就いて生活の垢をつける《コンタミネイテッド》用意はないが、しかしいろいろな型の波乗りはすすんでやろうといういい年をした若者たちがいる。また忘れられてはならないことだが、上述の四つのカテゴリーの他に、スティグマとはまったく無縁であるが恵まれない人びとがいる、ということである。たとえば卑劣で利己的な相手と結婚した者、豊かではないのに四人の子供を育てなくてはならない人、[9] その身体的ハンディキャップ（たとえば、軽度の難聴）が生活に障害となっていても、当人自身も他の人も誰一人その身体的故障に気づいていない人、などがそれである。[10]

以上私が論じてきたことは、多様なスティグマ所有者たちは分析のためにその種の人びとを一括する根拠が充分に認められるほどに、生活上共通の状況におかれているということであった。したがって、伝統的な社会問題の諸分野である民族関係、人種関係、社会的解体過程、犯罪学、社会病理学、逸脱などから一つの抽出——これらの分野すべてに共通しているものの抽出——が試みられてきたのである。これらの共通点は人間性に関するごくわずかの前提に基づいて組織することができる。抽出された後に伝統的な諸分野のそれぞれに残っているものは、それが何であれそれぞれの分野に本当に特殊なものとして、再検討されるであろう。そうすることによって、現在まったく歴史的偶然的に一括されているに過ぎないものに分析的整合性をもたらすことができよう。人種関係、老化、精神衛生のような分野に何が共通であるのかを知ると、そのときわれわれはさらに進んでそれらは分析的にどこで違っているのか知ることができるようになろう。おそらくいずれの場合も、古くからの領域の実質を保とうという選択が行なわれることになるだろう。しかし少なくとも次のことは明らかである。すなわちそれぞれの分野はいくつかの視角を適用すべき一つの領域に過ぎないということ、ならびにこのような一貫した整合的分析の視角は恐らくどれ一つとして、その関心をもっぱら一つの領域の実質にだけ限定しようとする研究者によっては開発されず、展開もされまいということの二つである。

原注

序

1 〔この種の仕事をした〕社会学者のなかで最も著名なのはE. Lemert、心理学者のなかではK. Lewin, F. Heider, T. Dembo, R. Barker, B. Wright などである。とくに、B. Wright, *Physical Disability——A Psychological Approach* (New York: Harper & Row, 1960) を参照。この書物には、私が再引用した引用と参考文献が豊富に記載されている。

2 たとえば、F. Macgregor *et al., Facial Deformities and Plastic Surgery* (Springfield, Ill: Charles C. Thomas, 1953).

3 たとえば、C. Orbach, M. Bard, and A. Sutherland, "Fears and Defensive Adaptations to the Loss of Anal Sphincter Control", *Psychoanalytical Review,* XLIV (1957), 121-175.

4 この書物を要約した論文は、M. Greenblatt, D. Levinson, and R. Williams, *The Patient and the Mental Hospital* (New York : Free Press of Glencoe, 1957), pp.507-510 に収録されている。この論文はさらに後に別の形で一九六二年四月一三日ケンタッキー州、ルイスヴィルで開催された The Southern Sociological Society のマッキーヴァー記念講演で発表された。現在の形で発表されるについては、カリフォルニア大学（バークリー）の法律社会研究センターを通じて、少年非行問題大統領特別委員会より助成金を得た。

I　スティグマと社会的アイデンティティ

1　T.Parker and R. Allerton, *The Courage of His Convictions* (London : Hutchinson & Co., 1962), p.109.

2　この問題と関連して、A. Biderman and H. Zimmer, eds., *The Manipulation of Human Behavior* (New York : John Wiley & Sons, 1961), pp.277-304 に所載の M. Meltzer, "Countermanipulation through Malingering" を参照。

3　最近の歴史では、とくに英国でつよい傾向であるが、もし万一に子供が彼の人生の出発点に比してはるかに高い地位に上昇したりすると、両親の罪、少なくとも彼らの作る環境が子供に不利に作用するという形で、下層階級という身分は重要な集団的スティグマとして働く。

4　D. Riesman, "Some Observations Concerning Marginality," *Phylon,* Second Quarter, 1951, p.122.

5　精神疾患者の症例は、T. J. Scheff の未公刊論文で取り扱われている。

6　盲人に関しては、E. Henrich and L. Kriegel, eds., *Experiments in Survival* (New York : Association for the Aid of Crippled Children, 1961), pp.152 and 186 ; and H. Chevigny, *My Eyes Have a Cold Nose* (New Haven, Conn : Yale University Press, paperbound, 1962), p.201.

7　ある盲目の婦人の言葉によれば、「私はある香水の推薦者になるように求められました。恐らく目が見えないから私の嗅覚が超人的だとでもいう意味なんでしょう。」T. Keitlen (with N. Lobsenz), *Farewell to Fear* (New York : Avon, 1962), p.10.

8　A. G. Gowman, *The War Blind in American Social Structure* (New York : American Foundation for the Blind, 1957), p.198.

9 いくつかの例が Macgregor *et al.*, の前掲書に全編にわたって記載されているのを参照のこと。

10 〈正常／普通の人間〉(normal human being) という概念は医学が人間を扱うときとか、大規模な官僚組織機構、たとえば国家、がその成員をいくつかの点に関して同等のものとして取り扱うときに示す基本的態度にその起源をもつのかもしれない。起源はともかく、これは一般人が自分たち自身をどのように捉えているか、その基本的イメージを示していると思われる。興味深いことであるが、大衆的な伝記風の著作に、後ろ暗い点の多い人物が自分の普通並／正常さ（normalcy）を証明するために、配偶者とか、子供を得た経過を書き、さらに奇妙なことに、彼らとクリスマスや、感謝祭を一緒に過ごしたことを立証しようとすることが流行してきていると思われる。

11 この受け容れられないことに関するある犯罪者の見解が、Parker and Allerton, *op. cit.*, pp.110-111 に記載されている。

12 K. B. Hathaway, *The Little Locksmith* (New York : Coward-McCann, 1943), p.41, in Wright, *op. cit.*, p.157.

13 *Ibid.*, pp.46-47. 自己嫌悪の一般的な取り扱いに関しては、K. Lewin, *Resolving Social Conflicts*, Part III (New York : Harper & Row, 1948) ; A. Kardiner and L. Ovesey, *The Mark of Oppression : A Psychological Study of the American Negro* (New York : W. W. Norton & Company, 1951) ; and E. H. Erikson, *Childhood and Society* (New York : W. W. Norton & Company, 1950).

14 F. Warfield, *Keep Listening* (New York : The Viking Press, 1957), p.76. H. von Hentig, *The Criminal and His Victim* (New York, Conn : Yale University Press, 1948), p.101. も参照のこと。

15 Keitlen, *op. cit.*, Chap. 12, pp.117-129 and Chap.14, pp.137-149. Chevigny, *op. cit.*, pp.85-86. も参照のこと。

16 Henrich and Kriegel, *op. cit.*, p.49.

17 W. Y. Baker and L. H. Smith, "Facial Disfigurement and Personality," *Journal of the American Medical Association*, CXII (1939), p.303. Macgregor *et al., op. cit.*, p.57 ff. には大きな赤い鼻を〔自分に不都合なことをさける〕口実に用いた男の話が記載されている。

18 Henrich and Kriegel. *op. cit.*, p.19.

19 *Ibid.*, p.35.

20 Chevigny, *op. cit.*, p.154.

21 F. Carling, *And Yet We Are Human* (London : Chatto & Windus, 1962), pp.23-24.

22 G. W. Allport, *The Nature of Prejudice* (New York : Anchor Books, 1958) を参照のこと〔ここには、問題の〕概観が与えられている。

23 Macgregor *et al., op. cit.*, pp.91-92.

24 From *Clinical Studies in Psychiatry*, H. S. Perry, M. L. Gawel, and M. Gibbon, eds. (New York : W. W. Norton & Company, 1956), p.145.

25 R. Barker, "The Social Psychology of Physical Disability," *Journal of Social Issues*, IV (1948), p.34. の示唆するところによれば、スティグマのある人は「社会 - 心理学的辺境で生活しており」つねに新しい状況に直面している、ということである。Macgregor *et al., op. cit.*, p.87. をも参照のこと。彼らの指摘するところでは、ひどい傷痕のある人は、傷痕のあまり目立たない人よりも、相互交渉でどのように受け容れられるかに関して疑惑にさいなまれることがない、ということである。

26 Barker, *op. cit.*, p.33.

27 Parker and Allerton, *op. cit.*, p.111.

28　この種の特別な自意識は、S. Messinger *et al.*, "Life as Theater : Some Notes on the Dramaturgic Approach to Social Reality", *Sociometry*, XXV (1962), pp.98-110.

29　Parker and Allerton, *op. cit.*, p.111.

30　Chevigny, *op. cit.*, p.140.

31　L. A. Dexter, "A Social Theory of Mental Deficiency," *American Journal of Mental Deficiency*, LXII (1958), p.923. スティグマのある人として精神的障害をもつ人を取り扱った別の研究は、S. E. Perry, "Some Theoretical Problems of Mental Deficiency and Their Action Implications," *Psychiatry*, XVII (1954), PP.45-73. を参照のこと。

32　Baker, *Out on a Limb* (New York : McGraw-Hill Book Company, n.d.), p.22.

33　*Ibid.*, p.73.

34　この主題に関しては、R. K. White, B. A. Wright, and T. Dembo, "Studies in Adjustment to Visible Injuries : Evaluation of Curiosity by the Injured," *Journal of Abnormal and Social Psycology*, XLIII (1948), pp.13-28. を参照のこと。

35　たとえば、Henrich and Kriegel, *op. cit.*, p.184.

36　Wright, *op. cit.*, "The Problem of Sympathy," pp.233-237. を参照のこと。

37　S. Zawadski and P. Lazarsfeld, "The Psychological Consequences of Unemployment," *Journal of Social Psychology*, VI (1935), p.239.

38　Hathaway, *op. cit.*, pp.156-157, in S. Richardson, "The Social Psychological Consequences of Handicapping," unpublished paper presented at the 1962 American Sociological Association Convention, Washington, D. C., pp.7-8.

39 〔問題を〕一般的に取り扱ったものとしては、E. Goffman, "Alienation from Interaction," *Human Relations*, X (1957), pp.47-60.

40 F. Davis, "Deviance Disavowal : The Management of Strained Interaction by the Visibly Handicapped," *Social Problems*, IX (1961), p.123. White, Wright, and Dembo, *op. cit.*, pp.26-27. も参照のこと。

41 H. Freeman and G. Kasenbaum, "The Illiterate in America," *Social Forces*, XXXIV (1956), p.374.

42 Warfield, *op. cit.*, p.60.

43 R. Edgerton and G. Sabagh, "From Mortification to Aggrandizement : Changing Self-Concepts in the Careers of the Mentally Retarded," *Psychiatry*, XXV (1962), p.268. 悲しい身上話に関する詳細な言及は、E. Goffman, "The Moral Career of the Mental Patient," *Psychiatry*, XXII (1959), pp.133-134. を参照のこと。

44 Carling, *op. cit.*, pp.18-19.

45 E. Lemert, *Social Pathology* (New York : McGraw-Hill Book Company, 1951), p.151.

46 概観は H. Wechsler, "The Expatient Organization : A Survey," *Journal of Social Issues*, XVI (1960), pp.47-53 所載。この調査には、Recovery, Inc., Search, Club 103, Fountain House Foundation, San Francisco Fellowship Club, Center Club が対象になっている。この種のクラブを一つ〔徹底的に〕調査した研究としては、D. Landy and S. Singer, "The Social Organization and Culture of a Club for Former Mental Patients," *Human Relations*, XIV (1961), pp.31-41. を参照。M. B. Palmer, "Social Rehabilitation for Mental Patients," *Mental Hygiene*, XLII (1958), pp.24-28. をも参照のこと。

47 Baker, *op. cit.*, pp.158-159. を参照のこと。

48 D. R. White「私は回腸を切除しました。しないですんだものならと思います。しかし、もう今ではその事実を受け容れ、正常で、完全な生活を送れるようになりました。」*American Journal of Nursing*, LXI (1961), p.52.「現在、回腸 - 直腸切除者のクラブは一六州およびワシントンD・Cはもちろん、オーストラリア、カナダ、イギリス、南アフリカにもできている。」

49　Warfield, *op. cit.*, pp.135-136. は、初めは別々に独立していた組織の代表はもちろん、歴代の運動の指導者すべてが出席して行なわれたニューヨーク難聴者運動の一九五〇年記念行事の模様を記述している。この記述によって、この運動は詳細な復元が可能になった。同運動の国際的歴史に関するいくつかの解説は、K. W. Hodgson, *The Deaf and Their Problems* (New York : Philosophical Library, (1954), p.352. を参照のこと。

50　F. Poli, *Gentlemen Convicts* (London : Rupert Hart-Davis, 1960).

51　たとえば、Chevigny, *op. cit.*, Chap. 5 を参照。そこには同一の状況における盲人の場合があげられている。

52　Warfield, *op. cit.*, p.78.

53　Warfield, *op. cit.*, pp.73-74 ; Chap.9, pp.129-158. をも参照のこと。そこでは〔上記の生活の〕職業化した側面をめぐって、一種の告白が記載されている。職業化した肢体切断者の生活の記述に関しては、H. Russell, *Victory in My Hands* (New York : Creative Age Press, 1949) を参照のこと。

54　最初から、この種の指導者たちは、〔自己のカテゴリーの成員の〕生活を離脱する野心をもち、比較的そのような能力のある〔種類の〕成員の中から供給され、レヴィンのいわゆる〈周辺からの指導者〉をなしている。Lewin, *op. cit.*, pp.195-196.

55　G. Stearn, *Sisters of Night* (New York : Popular Library, 1961), p.181.

56 N. Mailer, "The Homosexual Villain," in *Advertisements for Myself* (New York : Signet Books, 1960), pp.200-205. は、かたくなな態度、啓示的経験、〔それまで抱いていた〕偏見の公の否定という基本的サイクルを詳細に示している典型的な告白の例である。Carling, *op. cit.*, への Angus Wilson の序文も、Wilson による肢体不自由者の定義し直しの告白記録として参照のこと。

57 Ray Birdwhistell in B. Schaffner, ed., *Group Processes*, Transactions of the Second (1955) Conference (New York : Josiah Macy, Jr. Foundation, 1956), p.171.

58 C. H. Rolph, ed., *Women of the Streets* (London : Secker and Warburg, 1955), pp.78-79.

59 Parker and Allerton, *op. cit.*, p.150.

60 J. Atholl, *The Reluctant Hangman* (London : John Long, Ltd., 1956), p.61.

61 *Berkley Daily Gazette*, April 12, 1961.

62 この考えは、C. G. Schwartz, "Perspectives on Deviance—Wives' Definitions of Their Husbands' Mental Illness," *Psychiatry*, XX (1957), pp.275-291.

63 盲人に関する一例は、A. Gowman, "Blindness and the Role of the Companion," *Social Problems*, IV (1956), pp.68-75. を参照のこと。

64 Stearn, *op. cit.*, p.99.

65 可能性の範囲に関しては、C. Brossard, "Plaint of a Gentile Intellectual," in Brossard, ed., *The Scene Before You* (New York : Holt, Rinehart & Winston, 1955), pp.87-91 を参照のこと。

66 この型〔の社会化〕についての検討は、A. R. Lindesmith and A. L. Strauss, *Social Psychology*, rev. ed. (New York : Holt, Rinehart & Winston, 1956), pp.180-183. に所載。

67　ある盲人の経験から引かれた例が、R. Criddle, *Love Is Not Blind* (New York : W. W. Norton & Company, 1953), p.21. に所載。矮人の経験は A. Viscardi, Jr., *A Man's Stature* (New York : The John Day Company, 1952), pp.13-14. に報告されている。

68　Henrich and Kriegel, *op. cit.*, p.186.

69　*Ibid.*, p.156.

70　Orbach *et al.*, *op. cit.*, p.165.

71　N. Linduska, *My Polio Past* (Chicago : Pellegrini and Cudahy, 1947), p.177.

72　Chevigny, *op. cit.*, p.136.

73　Macgregor *et al.*, *op. cit.*, pp.19-20.

74　Chevigny, *op. cit.*, p.35.

75　Keitlen, *op. cit.*, pp.37-38. 入院したポリオ患者の同類の身体障害者との同一化の初期に認められる変化は Linduska, *op. cit.*, pp.159-165 に記述されている。人種的アイデンティティの同定修正に関する小説風の記述は、J. W. Johnson, *The Autobiography of an Ex-Coloured Man*, rev. ed. (New York : Hill and Wang, American Century Series, 1950), pp.22-23. に所載。

76　一般的叙述は E. C. Hughes の二つの論文 "Social Change and Status Protest," *Phylon*, First Quarter, 1949, pp.58-65, および、"Cycles and Turning Points," in *Men and Their Work* (New York : Free Press of Glencoe, 1958) に所載。

77　M. Yarrow, "Personality Development and Minority Group Membership," in M. Sklare, *The Jews* (New York : Free Press of Glencoe, 1960), pp.468-470.

78 Madeleine, *An Autobiography* (New York : Pyramid Books, 1961), pp.36-37.
79 P. Wildeblood, *Against the Law* (New York : Julian Messner, 1959), pp.23-24.
80 Carling, *op. cit.*, p.21.
81 C. Clausen, *I Love You Honey But the Season's Over* (New York : Holt, Rinehart, & Winston, 1961), p.217.
82 Johnson, *op. cit.*, p.42. Johnson の小説は、この種の他の小説同様に、神話化の契機についての好例を提供している。すなわち多様な精神的経験、重大な転回点を文学的に構成して、あるスティグマのカテゴリーに属する人びとに、回顧的視点から接近できるようにしているのである。

Ⅱ 情報制御と個人的アイデンティティ

1 逆のパッシングの例は、H. E. R. Cules, "Ghost-Writer and Failure," in P. Toynbee, ed., *Underdogs* (London : Weidenfeld and Nicolson, 1961), Chap.2, pp.30-39. を参照のこと。私の知人のある女医は、注意して自分の社会的身分を示す外的シンボル、たとえば自動車〔に医師であることを示す記号のある〕のナンバー・プレート、を使用しないようにしていた。彼女の職業〔上のアイデンティティ〕を証明するものは、つねに紙入れに入れてある身分証明書だけであった。外出先で事故に会っても犠牲者に医療的処置がすでに施されていたり、あるいは、処置の施しようのない状態であると、犠牲者を取りまく群衆の中から確かめた上で、自分の資格も告げず、黙って立ち去るのであった。このような状況においては、彼女はいわば女性に扮している者といってよかろう。
2 気分による情報と他の種類の情報の差異に関しては、G. Stone, "Appearance and the Self," in A. Rose,

Human Behavior and Social Processes (Boston : Houghton Mifflin, 1962), pp.86-118 を参照。また E.Goffman, *The Presentation of Self in Everyday Life* (New York : Doubleday & Co., Anchor Books, 1959), pp.24-25 をも参照のこと。

3 G. J. Fleming, "My Most Humiliating Jim Crow Experience," *Negro Digest* (June, 1954), pp.67-68.

4 B. Wolfe, "Ecstatic in Blackface," *Modern Review*, III (1950), p.204.

5 Freeman and Kasenbaum, *op. cit.*, p.372.

6 E. Love, *Subways Are for Sleeping* (New York : Harcourt, Brace & World, 1957), p.28.

7 A. Heckstall-Smith, *Eighteen Months* (London : Allan Wingate, 1954), p.43.

8 T. Rubin, *In the Life* (New York : The Macmillan Company, 1961), p.69.

9 ディケンズは一八四二年の旅行体験に基づいて書いた *American Notes* のなかの奴隷を論じた章に、逃亡した奴隷、発見された奴隷に関する地方紙の記事を数ページにわたって引用している。これらの広告に記載されているアイデンティティ同定〔の資料〕は、同定に必要なあらゆる種類の特徴《サイン》にわたっている。第一は比較的恒常的な身体的特徴であり、それは場合によっては、部分的、あるいは全面的に決定的なアイデンティティ同定を成立させるものである。その特徴は、たとえば、年令、性、傷痕（銃傷、刀傷、偶然的な傷、笞の傷痕などなど）である。〔第二は〕自認した名前があげられているが、通常、姓はない。最後にスティグマ・シンボルも記載されている。たとえば烙印された頭文字、端を切除された耳などである。これらのシンボルは奴隷の社会的アイデンティティを伝達しているが、首や、脚にはめられた鉄環とは違って、それより範囲の狭いもの、すなわち特定の所有者による所有権を示している。以上のことから逮捕された黒人について、当局者の関心は二つである。一つは彼が逃亡して来た奴隷であるのか否か、他は、もしそうなら、誰に所属するのか、ということである。

10 G. Dendrickson and F. Thomas, *The Truth About Dartmoor* (London : Victor Gollancz, 1954), p. 55. および F. Norman, *Bang to Rights* (London : Secker and Warburg, 1958), p.125. を参照。この種のシンボルの使用に関しては E. Kogon, *The Theory and Practice of Hell* (New York : Berkley Publishing Corp., n. d.), pp.41-42 において適切に取り扱われている。彼はそこで強制収容施設で、政治犯、再犯者、常習犯、エホバの証人の信者、〈住所不定人物〉、ロマニ、ユダヤ人、〈民族を汚す者《レイス・デファイラー》〉、外国籍の者（国籍別に）、知的障害者などを別々に同定するために用いている徴表を詳細に論じている。ローマの奴隷市場では、奴隷たちはよく国別にラベルをつけられていた。M. Gordon, "The Nationality of Slaves Under the Early Roman Empire," in M.I. Finley, ed., *Slavery in Classical Antiquity* (Cambridge : Heffer, 1960), p.171.

11 T. H. Pear, *Personality, Appearance and Speech* (London : George Allen and Unwin, 1957), p.58.

12 A. McLeod, *Pigtails and Gold Dust* (Caldwell, Idaho : Caxton Printers, 1947), p.28. ときに、弁髪には宗教的歴史的意義もあったという。*Ibid.*, p.204. を参照。

13 D. Maurer, *The Big Con* (New York : Pocket Books, 1949), p.298.

14 "A Reluctant Pensioner," "Unemployed Diabetic" in Toynbee, *op. cit.*, chap.9, pp.132-146.

15 この主題に関する古典的陳述は、N. S. Shaler, *The Neighbor* (Boston : Houghton Mifflin, 1904) に所載。

16 Davis, *op. cit.*, pp.127-128.

17 Chevigny, *op. cit.*, pp.75-76.

18 Keitlen, *op. cit.*, p.85.

19 夏期キャンプで、正常な児童たちのほうが身体的なハンディキャップのある仲間を受け容れるのに時間をとらない、という証拠に関しては、Richardson, *op. cit.*, p.7. を参照のこと。

20　G. Westwood, *A Minority* (London : Longmans, Green & Company, 1960), p.40.

21　M. R. Yarrow, J. A. Clausen, and P. R. Robbins, “The Social Meaning of Mental Illness,” *Journal of Social Issues*, XI (1955), pp.40-41, この論文はスティグマの管理／操作に関する多くの有用な資料を提供している。

22　*Ibid.*, p.34.

23　E. Lemert, “The Occurrence and Sequence of Events in the Adjustment of Families to Alcoholism,” *Quarterly Journal of Studies on Alcohol*, XXI (1960), p.683.

24　個人的アイデンティティと役割アイデンティティの区別に関しては、R. Sommer, H. Osmond, and L. Pancyr, “Problems of Recognition and Identity,” *International Journal of Parapsychology*, II (1960), pp.99-199 を参照。ここでの問題は、人はどのようにしていずれかのアイデンティティを確認し、いずれかを斥けるのか、という問題として提供されている。E. Goffman, *The Presentation of Self in Everyday Life, op. cit.*, p.60 も参照のこと。個人的アイデンティティという概念は、C. Rolph, *Personal Identity* (London : Michael Joseph, 1957) においても、また E. Schachtel, “On Alienated Concepts of Identity,” *American Journal of Psychoanalysis*, XXI (1961), pp.120-121 では “paper identity” という標題の下に、用いられている。法的アイデンティティという概念は、養子縁組の場合のように個人の法的アイデンティティが変更されるというようなことを除いて、個人的アイデンティティに密接に対応している。（Harvey Sacks の教示による。）

25　この点に関して、私は Robert Murphy の未公刊論文、“On Social Distance and the Veil” に負うところが大きい。

26 Rolph, *Personal Identity*, *op. cit*., pp.14-16を参照。

27 A Hartman, "Criminal Aliases : A Psychological Study," *Journal of Psychology*, XXXII (1951), p.53.

28 Rolph, *Personal Identity*, *op. cit*., p.18.

29 英国では現在、外国人および自動車運転者以外は身分証明書を携帯することは義務づけられていない。場合によっては、英国民は警察官に自分の氏名を明かすことを拒否することもできる。*Ibid*., pp.12-13を参照のこと。

30 *The San Francisco Chronicle* (April 14, 1963) に *The London Times* によると報道されている。

31 L. Savitz and R. Thomasson, "The Identifiability of Jews," *American Journal of Sociology*, LXIV (1959), pp.463-475.

32 E. Mills, *Living with Mental Illness* : *A Study in East London* (London : Routledge & Kegan Paul Ltd., 1962), p.112.

33 C. Chaudhuri, *A Passage to England* (London : Macmillan & Company, 1959), p.92.

34 この点に関して私がHarold Garfinkelに負うところが大きい。私がこの書物で用いているような意味での〈生活誌〉という用語は彼に教示された。

35 W. L. Warner, "The Society, the Individual, and His Mental Disorder," *American Journal of Psychiatry*, XCIV (1937), pp.278-279.

36 画然とした対比を得るために、古い西部の掟と比較せよ。そこでは人の過去とか本名は明らかに個人の正当な財産と見なされていた。たとえばR. Adams, *The Old-Time Cowboy* (New York : The Macmillan Company, 1961), p.60を参照のこと。

37　記憶の社会的枠組一般に関しては、F. C. Bartlett, *Remembering* (Cambridge : Cambridge Unversity Press, 1961) を参照のこと。

38〔他人の〕認知を避けるために覆面を被るのは追い剥ぎやクー・クラックス・クランの会員に限らない。最近ワシントン州で行なわれた犯罪調査のための公聴会では、元麻薬依存症患者たちが顔を布きれで覆って証言することを許された。これは世間の人びとによるアイデンティティ同定を避けるばかりでなく、報復をも避けるためであった。

39　J. Stearn, *The Sixth Man* (New York : McFadden Books, 1962), pp.154-155.

40　自己に関する情報の管理／操作の事例研究に関しては、J. Henry, "The Formal Structure of a Psychiatric Hospital," *Psychiarty*, XVII (1954), pp.139-152, とくに pp.149-150 を参照のこと。

41　張り番の機能の記述は、J. Phelan, *The Underworld* (London : George G. Harrap & Company, 1953), Chap.16, pp.175-186 に所載。

42　面識と認知の類型に関する研究は、E. Goffman, *Behavior in Public Places* (New York : Free Press of Glencoe, 1963), Chap.7, pp.112-123 に所載。

43　Anthony Perkins, in L. Ross, "The Player? III," *The New Yorker* (Nov.4, 1961), p.88.

44　*Pickwick Papers*, Vol. III, Chap.2.

45　法学においては、一人の匿名の市民に留まること、あるいはその状態を回復したいという個人の努力はプライヴァシー問題の一部を形成するに至っている。有用な概観が、M. Ernst and A. Schwartz, *Privacy : The Right to Be Let alone* (New York : The Macmillan Company, 1962) に与えられている。

46　J. Atholl, *op. cit*., Chap.5, "The Public and the Press." 人びととの接触を避けようとしている有名人に関し

ては、J. Bainbridge, *Garbo* (New York : Dell, 1961), とくに pp.205-206 を参照。最近の手法――自分に毛髪があっても、映画スターなどは変装用のかつらを使用する――に関しては、L. Lieber, "Hollywood's Going Wig Wacky," *This Week* (Feb.18, 1962).

47 Lemert, *Social Pathology*, *op. cit.*, pp.75 ff に規定されている意味で。

48 T. Hirshi, "The Professional Prostitute," *Berkley Journal of Sociology*, VII (1962), p.36.

49 E. Kane, "The Jargon of the Underworld," *Dialect Notes*, V (1972), p.445.

50 F. Davis, "Polio in the Family : A Study in Crisis and Family Process," Ph. D. Dissertation, University of Chicago, 1958, p.236.

51 Davis, "Deviance Disavowal," *op. cit.*, p.124.

52 S. Rigman, *Second Sight* (New York : David Mckay, 1959), p.101.

53 Russell, *op. cit.*, p.124.

54 *The Unadjusted Girl* (Boston : Little, Brown & Company, 1923), pp.144-145.

55 E. Clark, *Unmarried Mothers* (New York : Free Press of Glencoe, 1961), p.4.

56 人びとに外聞をはばかる秘密が多い事実を考えると、本来の脅迫が現在行なわれている以上に広く行なわれていないのが不思議なくらいである。法律的制裁はもちろんつよい。したがって多くの場合、その実行を差し控えさせる。しかしそれだけでは説明にならない。なぜ法律的制裁がそれほどにつよいのか説明しなくてはならない〔からだ〕。恐らくその行為の稀少性と、それに対する強力な制裁は共に、信頼を失う事情をもつ他人に彼らの意に反して対面を強要し、情報を彼らの利益に反して用いることに対するわれわれの嫌悪感の表われであろう。

57 Stearn, *Sisters of the Night, op. cit.*, pp.96-97.

58 たとえば、*Street-Walker* (New York : Dell, 1961), pp.194-196 を参照のこと。売春婦に関する小説風の、またときには事例史的資料は豊富にあるが、ひもに関する資料は、どういう性質のものにしろ非常に少ない。(しかしたとえば、C. MacInnes, *Mr. Love and Justice* (London : The New English Library, 1962); and J. Murtagh and S. Harris, *Cast the First Stone* (New York : Pocket Books, 1958), Chaps.8 and 9. などを参照のこと。)これはきわめて残念なことだ。恐らく男性の職業のなかでこの仕事ぐらいやっている当人が他人に肩身の狭い思いをするものがないからであろう。ひもの日常的行動半径には、まだ記録されたことのないパッシングのためのいい抜け、〔あるいはこれに類する行動〕が多いに違いない。いろいろ苦心の末にやっと、ひもに向かってさりげなく職業は何か尋ねることができるのであるが、このときこそ信頼を失う事情のある者はもちろん、すでに信頼を失った者の立つ状況に関する資料を収集する好機である。

59 H. Cayton and S. Drake, *Black Metropolis* (London : Jonathan Cape, 1946), "A Rose by Any Other Name," pp.159-171. この問題に関して私は Gary Marx の未発表論文に負うところが多い。

60 黒人が白人になりすまして越境《パス》した例については、R. Lee, *I Passed for White* (New York : David Mckay, 1955), pp.89-92 : 白人が黒人になりすました例については、J. H. Griffin, *Black Like Me* (Boston : Houghton Mifflin, 1960), pp.6-13. を参照のこと。

61 H. Becker, "Marihuana Use and Social Control," *Social Problems*, III (1955), p.40.

62 H. M. Hughes, ed., *The Fantastic Lodge* (Boston : Houghton Mifflin, 1961), p.40.

63 Stearn, *The Sixth Man, op. cit.*, p.150.

64 H. Viscardi, Jr., *A Laughter in the Lonely Night* (New York : Paul S. Eriksson Inc., 1961), p.309.

65 Edgerton and Sabagh, *op. cit.*, p.267.
66 Rolph, *Women of the Streets*, *op. cit.*, p.56-57.
67 Evelyn Hooker との会話中に示唆を得た。
68 配偶者の精神病院収容の事実を隠そうとする態度については、Yarrow, Clausen, and Robbins, *op. cit.*, p.42. を参照のこと。
69 聾者が不注意から気転がきかなかったり、気取って見えたりする、という点については、R. G. Barker *et al.*, *Adjustment to Physical Handicap and Illness* (New York : Social Science Reserch Council Bulletin No.55, revised, 1953), pp.193-194. を参照のこと。
70 S. Livingston, *Living with Epileptic Seizures* (Springfield, Charles C.Thomas, 1963), p.32.
71 Henrich and Kriegel, *op. cit.*, p.101. p.157. を参照のこと。
72 C. van Riper, *Do You Stutter ?* (New York : Harpet & Row, 1938), p.601, in von Hentig, *op. cit.*, p.100.
73 Livingston, *op. cit.*, pp.30 ff.
74 Rolph, *Women of the Streets*, *op. cit.*, p.24. 一般的叙述に関しては、H. Garfinkel, "Conditions of Successful Degradation Ceremonies," *American Journal of Sociology*, LXI (1956), pp.420-424. を参照のこと。
75 F. Warfield, *Cotton in My Ears* (New York : The Viking Press, 1948), p.44, in Wright, *op. cit.*, p.215.
76 Wright, *op. cit.*, p.41.
77 "Vera Vaughan," in Toynbee, *op. cit.*, p.126.
78 Yarrow, Clausen, and Robbins, *op. cit.*, p.34.
79 Riesman, *op. cit.*, p.114.

80 Wildeblood, *op. cit.*, p.32.
81 "Vera Vaughan," in Toynbee, *op. cit.*, p.122.
82 この点でもまた、私は Harold Garfinkel に負うところが大きい。
83 Griddle, *op. cit.*, p.79.
84 "N. O. Goe," in Toynbee, *op. cit.*, p.150.
85 Riper, *op. cit.*, p.601, in von Hentig, *op. cit.*, p.100.
86 Yarrow, Clausen, and Robbins, *op. cit.*, p.42.
87 Wildeblood, *op. cit.*, p.32.
88 Orbach *et al.*, *op. cit.*, p.164.
89 *Ibid.*
90 Orbach *et al.*, *op. cit.*, p.159.
91 幼児の癲癇症を情報制御の問題として〔どう扱うかについての〕開業医の立場に関しては、Livingston, *op. cit.*, "Sholud Epilepsy Be Publicized," pp.201-210. を参照のこと。
92 L. Broom, H. P. Beem, and V. Harris, "Characteristics of 1,107 Petitioners for Change of Name," *American Sociological Review*, XX (1955), pp.33-39.
93 W. Lee, *Junkie* (New York : Ace Books, 1953), p.91.
94 Warfield, *Keep Listening*, *op. cit.*, p.41.
95 Atholl, *op. cit.*, pp.88-89.
96 一部、*Asylums* (New York : Doubleday & Co., Anchor Books, 1961) に報告されている著者の St. Elizabeths

Hospital (Washington, D. C.)での研究を参照のこと。

97 このようなパッシングの手順を用いる元〔精神疾〕患者の頻度に関する立証資料に関しては、M. Linder and D. Landy, "Post-Discharge Experience and Vocational Rehabilitation Needs of Psychiatric Patients," *Mental Hygiene*, XLII (1958), p.39. を参照のこと。

98 Edgerton and Sabagh, *op. cit.*, p.268.

99 Warfield, *Cotton in My Ears*, *op. cit.*, pp.21, 29-30, in Wright, *op. cit.*, pp.23-24. 一般的叙述は、Lemert, *Social Pathology*, *op. cit.*, p.95. に〈にせの役割〉(counterfeit roles)という標題の下に行なわれている。

100 B. Roueche, "A Lonely Road," *Eleven Blue Men* (New York : Berkley Publishing Corp., 1953), p.122.

101 妊娠した売春婦との結婚を希望する彼女のことを知らぬ男 (the unknowing man) の間に成立する事態に関しては、Thomas, *op. cit.*, p.134 を参照のこと。越境している黒人と彼が結婚を希望する白人の女性の間に成立する小説のなかでの事態に関しては、Johnson, *op. cit.*, pp.204-205. を参照のこと。

102 Stearn, *Sisters of the Night*, *op. cit.*, p.13.

103 H. Greenwald, *The Call Girl* (New York : Ballantine Books, 1958), p.24.

104 Madeleine, *op. cit.*, p.71.

105 Orbach *et al.*, *op. cit.*, p.163.

106 *Ibid.*, p.153.

107 Warfield, *Keep Listening*, *op. cit.*, p.21.

108 E. Hooker, "The Homosexual Community," 一九六一年、八月一四日、コペンハーゲンの第一四回国際応用心理学会で発表された未公刊論文。このような視線の交差の構造は複雑で、それには社会的(個人的ではない）アイデンティティの相互的認知的確認が含まれている。また、性的意識はもちろん、ときには暗黙の契約も含まれている。

109 Greenwald, *op. cit.*, p.24.

110 A. J. Reiss, Jr., "The Social Integration of Queers and Peers," *Social Problems*, IX (1961), p.118.

111 Yarrow, Clausen, and Robbins, *op. cit.*, p.36.

112 *Ibid.*

113 婚外妊娠を隠す例は、H. M. Hughes, *op. cit.*, pp.53 ff に所載。

114 Barker *et al.*, *Adjustment to Physical Handicap and Illness*, *op. cit.*, p.241.

115 S. Poll, *The Hasidic Community of Williamsburg* (New York : Free Press of Glencoe, Inc., 1962), pp.25-26.

116 Bigman, *op. cit.*, p.143.

117 Baker, *op. cit.*, p.193.

118 Chevigny, *op. cit.*, pp.40-42.

119 *Ibid.*, p.123.

120 Criddle, *op. cit.*, p.47.

121 Warfield, *Cotton in My Ears*, *op. cit.*, p.36, in Wright, *op. cit.*, p.49. からの要約。

122 Chevigny, *op. cit.*, p.51.

1　〈Self identity〉という述語が、この文脈では適合的と思われるが、この語を展開した術語である〈self identification〉は通常別のこと、すなわち個人自身が文書、または証言によって個人的アイデンティティ〔personal identity〕を確証すること〔＝身分証明〕を意味内容としている。

2　この試論で用いられているアイデンティティの三類型は、〈to identify with〉という句を未限定のままにしている。この句は通常、(1)同情を引くような苦境にある人の状況に代理体験的に〔vicariously〕参与すること、(2)自分自身の自我アイデンティティ〔ego identity〕を形成するにあたって他者の諸相を取り入れること〔to incorporate〔＝to internalize, to introject〕〕という二つの意味をもっている。〈To be identified with〉という句は、右の二つの心理学的意味をもち得るが、さらにその上に、ある人の想定された特質が、社会的アイデンティティの一部として、その人に帰せられるような社会的カテゴリーを意味内容としていることがある。〔たとえば、The child was identified with its clothes. 子供が誰であるか着物で分かった。〕

3　Hartman, *op. cit.*, pp.54-55.

4　たとえば、人は自分の職業の世評を、他の職業についている者たちより高く評価する周知の傾向がある。

5　たとえば、Criddle, *op. cit.*, pp.44-47. を参照のこと。

6　Henrich and Kriegel, *op. cit.*, p.187.

7 *Ibid.*, p.188.

8 J.- P. Sartre, *Anti-Semite and Jew* (New York : Grove Press, 1960), pp.102 ff.

9 M. Seeman, “The Intellectual and the Language of Minorities,” *American Journal of Sociology*, LXIV (1958), p.29.

10 ほとんど全盲に近い青年が盲目の少女に慈善パーティの模擬店でめぐり会い、複雑な反応をもったという興味深い挿話が、Criddle, *op. cit.*, pp.71-74. に記載されている。

11 たとえば、J. Burma, “Humor as a Technique in Race Conflict,” *American Sociological Review*, XI (1946), pp.710-715. を参照のこと。

12 この術語はA. Broyard, “Portrait of the Inauthentic Negro,” *Commentary*, X (1950), pp.59-60 から得た。役割を完全に演じようという意識的努力はときに〈～の役を演ずること〉(impersonation) ともいわれる。黒人の役を演ずる黒人に関しては、Wolfe, *op. cit.*, p.203. を参照のこと。

13 Carling, *op. cit.*, pp.54-55.

14 Lewin, *op. cit.*, pp.192-193. では〈努めて何気ない風を装うこと〉(negative chauvinism)〈自己へのつよい関心の陰画《ネガティヴ》〉という術語が用いられている。Broyard, *op. cit.*, p.62. では〈役割倒錯〉(role inversion) という術語が使われている。Sartre, *op. cit.*, pp.102 ff を参照のこと。

15 ユダヤ人に関しては、Sartre, *op. cit.*, pp.95-96, 黒人に関しては、Broyard, *op. cit.*, 知識人に関しては、M. Seeman, *op. cit.*, 日本人に関しては、M. Grodzins, “Making Un-Americans,” *American Journal of Sociology*, LX (1955), pp.570-582. を参照のこと。

16 注目すべきことは、まともさに関する文献は、個人がどのように行動すべきかに関心を示し、したがって教訓的である。がそれにもかかわらず、感情を交えない中立的分析という態度を装っている。それというのも、もともとは現実に即した現実志向（a realistic reality-orientation）を意味すると考えられているからである。事実このような場合に、この種の文献は上記のアイデンティティをめぐる諸問題に関する中立的分析の最良の資料である。批判的解説に関しては、I. D. Rinder and D. T. Campbell, "Varieties of Inauthenticity," *Phylon*, Fourth Quarter, 1952, pp.270-275. を参照のこと。

17　このことは単に、スティグマのある人の生活が広く検閲を受け、特別扱いを受ける（capsulation）という事態に直面することから生ずる一般的傾向の一側面に過ぎない。ところが常人はこのような事態に直面することはまずない。このようなわけで、家族や職を得たスティグマのある人は〈自分の運命を利用した〉といわれる。同様に、スティグマのある人と結婚した人は〈人生を捨てた〉といわれる。場合によってはこのようなことは、社会福祉司や福祉関係の役人の対象になり、終生この対象とされた状態を抜け出せない人によって反復強調されることになる。このことに対するひとりの盲人の態度に関して、Chevigny, *op. cit.*, p.100. を参照のこと。

18　James Baldwin の最近の著作は黒人に関して、この種の絶好の資料を提供している。Chevigny の *My Eyes Have a Cold Nose* は、盲人に関して好例を提供している。

19　このようなわけで、たとえば Lewin は、前掲書で彼が自己憎悪（self-hate）と称する現象を論じ、しかも、この術語で彼が表現しようとしているのが自己自身に対する憎悪ではなく（Lewin はこれをしばしば自己憎悪から派生するものと見なしている）、自己のスティグマゆえに彼が帰属させられることになる集団に対する憎悪であるので、混乱を招かないのである。

20　スティグマのある人は自分の帰属する集団に忠誠であるべきだという忠告は職業的社会科学者たちに

よっても指摘されている。たとえば、Riesman は "Marginality, Conformity, and Insight," *Phylom*, Third Quarter, 1953, pp.251-252 において社会学者、アメリカ人、あるいは大学教授がそれぞれ自分の帰属する集団にとっては侮辱になるが、彼の自己にとっては賞讃になることを受け容れたくなる誘惑に駆られることを記し、次のような挿話を書き加えている。

――思い出すのだが、私は昔ある婦人弁護士に、私の知っている他のポーシャたち〔女性の法律家。ポーシャはシェイクスピアの『ヴェニスの商人』で裁判官に扮して登場し、夫の友人を危機から救う。〕ほど口喧しくもなく、また闘争的でもない、と口をすべらせてしまったことがある。残念に思うことは、彼女がこの言葉を賞賛と受け取り、法曹界の同僚の婦人たちを裏切った、ということである。

社会学的には明らかなことだが、多様な社会的状況内において個人は多様な集団から自分が本来帰属する集団はどれなのか、ということに関しての多方向から要求を受けていることに気づく、ということである。他の問題点はこのことほどに明白ではない。たとえば、なぜ自己のスティグマゆえにすでに大きな犠牲を払っている者たちが越境してはならぬといわれるのか？　恐らく所有しているものが少なければ少ないだけ手に入れる努力をすべきだという原則に従って努力を払っているのに？　また特定のスティグマをもつ人びとの価値の貶賤《おとしめ》が現在大きければ、将来も大きいのであるから、どうしてスティグマのある人びとが、常人たちよりもいっそう公正な態度を示し、断固その態度を恃する責任があるとされるのか？　またカテゴリー全体の命運を改善する責任があるとされるのか？　一つの解答はいうまでもなく、知と行の間に怪しげな関係を無批判に仮定し、スティグマのある者は〔常人以上に自分の立場を〕

〈わきまえている〉べきだとする解答である。これよりはいく分ましな解答は、恐らく特定のスティグマをもつ人びとは時空を越えて当人たちが支持すべき単一の共同体へと結束していると彼ら自身はもちろん、常人もしばしば考えている、という解答である。

21　顔にひどい傷痕のある人びととの挑戦的な態度に関しては、Macgregor *et al.*, *op. cit.*, p.84 を参照。またC.Greenberg, "Self-Hatred and Jewish Chauvinism," *Commentary*, X (1950), pp.426-433 をも参照のこと。

22　Linduska, *op. cit.*, pp.164-165.

23　E. Goffman, "Fun in Games," in *Encounters* (New York : Bobbs-Merrill, 1961), とくに pp.48-55 にこの型の緊張とその解消の一般的分析を行なう試みがされている。

24　Russell, *op. cit.*, p.167, in Wright, *op. cit.*, p.177 ; Russell, *op. cit.*, p.151 をも参照。注目すべきことは、気まずさを解消しようと試みる者は、当然、状況を利用してそこから何かを得ようとしている者と見られることがあるという点である。小説家はすでにこのことを指摘している。I. Levin, *A Kiss Before Dying* (New York : Simon and Schuster, 1953), pp.178-179 はその一例である。

「ああ、そうだとも」とキングシップはいった。「彼は貧しいよ、ひどくね、先晩もそのことを御苦労様にも丁度三回もいってたよ。そして例の話もね。母親が仕立物を頼まれたとかいう婦人の話さ。」

「母親が仕立物を頼まれて悪いという理屈でもあるのかい?」

「別に、マリオン。悪いわけなんかないさ。彼がその話をする態度のことだよ、さりげなくね。本当に何くわぬ顔でね。それが僕にある人のことを思い出させるんだよ、分かるかね? 誰だか? 僕らのクラブに足の悪い男がいてね、ちょっと足をひきずってるんだ。僕らがゴルフをやるときいつもいうんさ。

『君たち先に行っててくれ。老ぼれの木足〔＝義足〕は後から追いつくから。』するとみんなが特別ゆっくり歩くようになるんだ。その上ね、彼を負かしたりしようもんなら、自分が卑劣な人間に感じられて来るんだ。」

さらに、気まずさを解消することができるという点で、当人は自分自身に状況を支配しているのは自分だと証明してみせているのかも知れない（Henrich and Kriegel, *op. cit.*, p.145.）。

——私が思うには、社会には脊髄麻痺の者を理解する責任はない。むしろ社会を許容し、騎士道的態度でその愚かしさを許し、面白がって見ている義務があるのはわれわれ脊髄麻痺の者のほうなのだ。私はそれがいく分怪しい自尊心だとは思う。しかしやり甲斐もあるし、楽しいではないか。明らかに困惑し、好奇の目で見ている人びとが、場面を複雑にしてしまわないうちに、〔彼らを〕安堵させることは、ハンディキャップのある者を波風を立てるより数等上の役割につけ、さらに人間喜劇に〔一幕を〕加えるのである。しかしこのような態度は習得するのに長い時間を要するものなのである。

25 Macgregor *et al.*, *op. cit.*, p.85.

26 White, Wright, and Dembo, *op. cit.*, pp.16-17.

27 Macgregor *et al.*, *op. cit.*, p.85.

28 Carling, *op. cit.*, pp.67-68.

29 Henrich and Kriegel, *op. cit.*, p.185.

30 G. Ladieu, E. Hanfmann, and T. Dembo, "Evaluation of Hepl by the Injured," *Journal of Abnormal and Social Psychology*, XLII (1947), p.182.

31 Chevigny, *op. cit.*, p.68.
32 *Ibid.*, p.130.
33 Carling, *op. cit.*, p.56.
34 Chevigny, *op. cit.*, pp.141-142. この著者はこれにつづけて、この種の考え方は先天的に盲目で、したがって後天的に盲目になった人とは違って自分が埋め合わせをつけることに成功したものが何かを知るのには不適当な立場にある人びとにも求められている、と指摘している。
35 Henrich and Kriegel, *op. cit.*, p.156.
36 Livingston, *op. cit.*, p.5 and pp.291-304.

Ⅳ 自己とその他者

1 Lemert が *Social Pathology*, *op. cit.*, pp.75 ff で〈第二次的逸脱〉(secondary deviance) と称したもの。
2 E. Lemert, "Some Aspects of a General Theory of Sociopathic Behavior," *Proceedings of the Pacific Sociological Society*, State College of Washington, XVI (1948), pp.23-24.
3 Mills, *op. cit.*, p.105.
4 Macgregor *et al.*, *op. cit.*, pp.126-129.
5 *Ibid.*, pp.110-114.
6 L. Meyerson, "Experimental Injury : An Approach to the Dynamics of Physical Disability," *Journal of Social Issues*, IV (1948), pp.68-71. Griffin, *op. cit.*, も参照のこと。

7　たとえば、黒人に関しては、Johnson, *op. cit.*, p.92 を参照。精神疾患者による〈crazy〉（気がふれている）という言葉の使い方に関しては、たとえば、I. Belknap, *Human Problems of a State Mental Hospital* (New York : McGraw-Hill Book Company, 1956), p.196. J. Kerkhoff, *How Thin the Veil* (New York : Greenberg, 1952), p.152 を参照のこと。Davis, "Deviance Disavowal," *op. cit.*, pp.130-131. は身体的にハンディキャップのある者の例を記載し、常人との間でこれらの言葉を使用することは、相手の常人が事情通である徴であろう、と指摘している。

8　Goffman, Asylums, *op. cit.*, p.112. を参照のこと。

9　Baker, *op. cit.*, pp.92-94.

10　Henrich and Kriegel, *op. cit.*, p.50.

11　Baker, *op. cit.*, p.97, in Wright, *op. cit.*, p.212.

12　Viscardi, *A Man's Stature*, p.70, Wright, p.214. Russell, *op. cit.*, pp.122-123. かぎ手の義手をつけている人が使う類似の手法に関しては、Russell, *op. cit.*, p.214. を参照のこと。

13　これらの線に沿った実験が、M. Kohn and R. Williams, Jr., "Situational Patterning in Intergroup Relations," *American Sociological Review*, XXI (1956), pp.164-174 に記載されている。

14　この最後のことに関して、私は David Matza の示唆に感謝の意を表する。

V　さまざまな逸脱行為と逸脱

1　驚くべきことには、いろいろな社会科学の周辺で生活している人びとが、この〔逸脱者という〕術語の指示対象となっている人びとに、相当量の共通点があり、この語を用いれば全体としての彼らについてまとまった意味のあることがいえるかのように〔考え〕、〈逸脱者〉という術語をさっさと気楽に使うようになってしまった。医師の手によって惹き起こされ、(ついで彼らにいっそうの仕事を課することになる) 医療事故があるように、社会学者が作り出し、ついで研究されることになる社会的カテゴリーもあるのである。

2　逸脱行為者の所属集団に対する複雑な関係は最近、L. Coser, "Some Functions of Deviant Behavior and Normative Flexibility," *American Journal of Sociology*, LXVIII (1962), pp.172-181. において考察されている。

3　逸脱者のこれらの機能、および他の機能に関しては、R. Dentler and K. Erickson, "The Functions of Deviance in Groups," *Social Problems*, VII (1959), pp.98-107 を参照のこと。

4　この主題は、H. Becker, *Outsiders* (New York : Free Press of Glencoe, 1963), pp.143-163 において展開されている。

5　一般的問題点は Dorothy Smith の示唆による。

6　〈逸脱的共同体〉という術語は必ずしも全面的に満足できるものではない。というのはそれは二つの問題を曖昧にしてしまうからである。すなわち(1)この共同体は通常の共同体の構造分析から得られた構造上の基準に照らして異例であるか否か、(2)この共同体の成員が集団的逸脱者であるか否か、という二点である。人の住んでいない地域に駐屯中の単一の性だけで成り立っている軍隊は第一の意味における逸脱的共同体ではあるが、必ずしも集団的逸脱者の共同体ではない。

7　〈同性愛者〉という用語は、一般に自分と同じ性の者と明白な性的行為を行なう者を指示するのに用いられ、その行為は〈同性愛〉(homosexuality) とよばれる。この用語法は医学的、あるいは法的準拠枠に基づいているもののようであり、ここで用いるにはあまりに広義で、また多義的類型化を与える。私が〔ここでこの語で〕指示するのは、自己と同性の者たちが最良の性的対象であると規定され、熱心にこれらの対象を求め、またそれに応ずることを中心に社会的相互交渉が組織されている特殊な了解の成立している共同体に参加している人びとのことである。このように考えると性同一性障害者の生活には四つの基本的変種があることになる。すなわち保護施設に収容されている男性、女性の性の多型性《タイプス》、および都市で成立している男性同志、女性同志の〈ゲイ／レスビアン〉の世界である。（この後の問題に関してはE. Hooker, *op. cit.*, を参照のこと。）ゲイの世界に参加する資格をもちながら、同性愛的行為は行なわないということもあり得ることに注意しよう。たとえば、社会的にも、精神的にもゲイの共同体には参加せず、彼らの性的サーヴィスを売ってゲイを利用している者の場合である。（このことと関連して、Reiss, *op. cit.*, を参照のこと。）もし同性愛者という言葉が特定の性的行為をする者を指示するのに用いられるならば、特定の逸脱的共同体に参加している者を指示するのに常習的同性愛者（homosexualite）といったような言葉が必要となるだろう。

8　最新の分析に関しては、R. Glass, "Insiders-Outsiders : The Position of Minorities," *New Left Review*, XVII (Winter, 1962), pp.34-45. を参照のこと。

9　Toynbee, *op. cit.*, Chaps.15 and 17.

10　一つの例が Henrich and Kriegel, *op. cit.*, pp.178-180.

一四頁＊　身分という語は、たとえば小学館『日本国語大辞典』初版によれば「①身の上、境遇②社会における地位。社会的な序列③人の法律上における地位、資格。民法では親族法上における特定の地位をさす。」とある。一般に日常の社会生活では②の意味で使われることが多いのではないかと思われるが、近年たとえば哲学などでは「この概念（あるいは語）の論理的身分」などという用法が目立つ。ゴッフマンの用法は、『日本国語大辞典』の①、③と論理的身分などの用法に近いと考えられる。たとえば「わけしりという身分」（一九六頁）「スティグマのある者の身分」（二二三頁）「病人としての身分」（二三八頁）というように使われている。

一五頁＊〈ヴァーチャル〉という語は、この一〇年来パソコンの普及とともに、物理学などでの諸用法に動機づけられ発想されたと思われるが、仮想と訳され、仮想記憶、仮想現実、最近ではさらにヴァーチャル・リアリティそのままで、日常化している。周知のように英語の virtual はその名詞形 virtue とともに、古くは vir（男、勇気）に由来するラテン語の virtus を語源とする。この語源に方向づけられ、かつては「〔本来備わった力により〕効力のある、実効のある、効果的な」という意味が一般的であった。しかし現在ではどの辞典でも（たとえば『新英和大辞典』研究社、『ランダムハウス英和大辞典』小学館）、これらの意味は「まれ」「古」とされている。

旧版でこの語を「対他的」と訳したのは、ゴッフマンの社会学が相互行為、さらに基本的には二者間 dyadic の上に成立していること、つまり自己と他者との間の表出の管理／操作を巡って展開されていること、また virtual の反対語が actual であることを考慮してのことであった。Actual は O.E.D. によれば、「行為あるいは事実の上で現存している、現に実行されたあるいは現に実行されている、遂行された、現実の」意で、virtual の「潜勢的な、可能的な、〔表面上そのように見えないが力、効果、効力の点で〕実質的な、理論上は、理想的な等とは反対」の意となっている。因に、O.E.D. における virtual のコンピュータ科学での用法は「それ自体として物理的に存在してはいないが、プログラムあるいは使用者の視点からは存在しているように、ソフトウエアが見せている」の意とされている。

一六頁＊　旧版で、the discredited, the discreditable をそれぞれ「信頼を失った者」「信頼を失う事情のある者」と訳したが、今になっても適訳という感じはない。今回、改訂の朱筆を入れている間にもその思いは募るばかりだ。理由は、いずれの語の語幹にもある credit という語と、ゴッフマンが議論を展開するスタイルにあるらしいという気がしてきている。

本書を一読してすぐに気がつくように、スティグマとして取り上げられている欠点／瑕疵は、一目瞭然としているものから「縁者によるスティグマ」のようにすぐにはそれと判然としないものまで含んでおり、スティグマと一括して扱うにはきわめて多義的な性質である。目立つスティグマに関しては、「信頼を失った」という表現はかなり収まりがよくない。判然としないスティグマに関しては「信頼を失う事情」もそれほどの違和感がない。スティグマが目立つ場合はむしろ「体裁が悪い」「面目ない」というような言い方が普通ではないだろうか。

ゴッフマンには一九五五年に発表された On Face-Work (*Interaction Ritual* 所収) という論文があって、「面子について」(広瀬／安江訳『儀礼としての相互行為』法政大学出版局所収) と邦訳されている。その論文などに窺えるゴッフマンの関心からすれば、「面子を失う」でもいいのであるが、訳者の好みで

「面子」はとらないだけのことである。

ところで credit であるが、O.E.D. によればラテン語 credere: to trust, believe を語源とし、現代英語では belief, trust, reputation（世評！）のような意味を第一義にしている。その過去分詞の creditum は「他人を信用して委託するもの」を意味し、英語でもそのまま a loan 貸付を意味する。credit にはまた信用、信用貸付、貸方に記載された金、預金の意味もある。同時に信憑性、名誉、面目と多義である。本書のⅢ章「外集団への同調」の最終行に原文では credit actually drawn on という句がある。通常の意味に訳せば「預金が実際に引き出されると」であろうが、文脈を考慮してそのように訳してはいない。ただ訳注ではそのことを指摘しておいた。

以上のようなことを考え合わせ、以下「信頼を失った者」「信頼を失う事情のある者」を、それぞれ「信頼／面目を失った者」「信頼／面目を失う事情のある者」として読んでいただきたいと思う。

二一頁＊　メノ派（Mennonite）政教分離、幼児洗礼の無効性、私有財産廃止、宗教的共産主義を教義としたアナバプティストから分派して、一五二三年スイスのチューリッヒに起こった一派で、聖書主義、質素な生活態度、宗派内内婚制、洗足儀式の維持、非政治的態度を特色とする宗派。

二二頁＊　包括社会、the wider society の訳である。適訳とはいえない。

The wider society 自体、調べた六種ほどの我が国の新旧、大小の社会学事典／辞典の欧文事項索引には記載されていない。わずかにG・ギュルヴィッチの社会学を解説する項目に société globale の訳語として「包括的社会」という語が見える程度である。しかし、société globale の指示対象はゴッフマンの the wider society のそれとは違う。この wider の用法は、the *higher* education 高等教育、the *upper* classes 上流階級、the *younger* generation 青年層などと同類の「絶対比較級」といわれるものと考えられる。

この文脈でもそうであるが、ゴッフマンは、たとえば五四頁で「地域社会を越えた the wider society」というように、また他の一〇箇所ほどの文脈でも、問題になっている人間関係、集団、社会よりも上位のそれらに言及するとき、この語を用いている。そこで問題の人間関係、集団、社会を「包摂している」という意味で、包括という訳語を当てた。したがって包括《ワイダー》が指示する特定の集団、社会はない。しかしいずれの文脈からも看取できるように、the wider society は文脈上の行為者たちが暗黙に了解する基準的価値体系が存立している場である。このことに関連して、本書の四八頁を参照。

二七頁＊　盾(protection)「ボクが生まれたとき、両親は「強い子に育てる。障害を盾に逃げるような子だけにはしない。」と教育方針を定めたが……」乙武洋匡『五体不満足』講談社、一九九八、九九頁。

因に本書には、先天性四肢切断という障害をもつ著者と、さまざまな状況で彼に出会う人びとの「聡明に思慮深く節度」を保って対等に振舞う姿が、ユーモアを交えて活写されている。

三八頁＊　クイグル（Quiggle）は、*Oxford English Dictionary, Webster's Third International Dictionary* 等にも見えない。O. E. D. Webster's のいずれにも quibble という語は記載されていて、いくつかの用法が見える。O. E. D. には「1に a play upon words 言葉遊び , a pun 地口。2に An equivocation 曖昧な言葉を使うこと、evasion of the point at issue 問題点を逸らし言い逃れる」という語釈がある。研究社『新英和大辞典』第四版のも「quibble: (1) あいまいな言葉づかい、逃口上、言い抜け、(2)（まれ）だじゃれ、地口」とある。O. E. D.『新英和大辞典』の語義ならば文脈の quiggle の理解に適うようであるが、テキストの Stigma の Prentice-Hall 版、Penguin 版ではいずれも Quiggle になっている。

五七頁＊　アフリカ系アメリカ人は六〇年代七〇年代に、"Black is beautiful" のような標語にも認められるように、自称詞として Black あるいは Black people を選んだ。その結果、Negro は差別語として使われることが稀になる。しかし本書の出版当時には Black が差別語であった。
五九頁＊　normification も normify（一八三頁）、O. E. D. にも Webster's にも記載されていない。恐らく、ゴッフマンの造語と思われる。したがって訳語は文脈から訳者が推量したもの。
八二頁＊　世評（prestige）旧版では社会学の通例に従って、「威信」と訳したが文脈に適合的とは感じられなかった。改訂版準備中に O. E. D. で調べたところ、prestige は語源がフランス語で、古くは illusion, deceits, impostures, delusions, 現代フランス語でも illusion, magic, glamour という意味で用いられていると説明され、現代の英語でも、an illusion 幻影、錯覚、幻想、a conjuring trick お呪い、a deception まやかし、an imposture 騙りが第一義になっている。第二義も blinding or dazzling influence 人目を幻惑するような影響力をもっているもの（こと）、あるいは過去の成功などに由来する影響力または評判という、ソースティン・ヴェブレンの、いわゆる顕示的（つまり見せびらかしの）効果（高哲男訳『有閑階級の理論』ちくま学芸文庫、一九九八年参照）の意味が圧倒的である。ゴッフマンの用語法は、訳者の見る限りではきわめて正統的で、この文脈での意味も O. E. D. あるいはヴェブレンに近いと考えた。
一五二頁＊　寄宿制予備校と訳した prep. school は preparatory school の略。米国では、生徒を主として東部の名門大学への進学準備教育をする私立の寄宿制学校。英国では、パブリック・スクールへの進学準備教育をする学校のこと。
一五二頁＊＊　ヨナ（Jonah）ヘブライの預言者。旧約聖書、ヨナ書第一章冒頭から第二章十節にかけて神の言葉に背き鯨に呑み込まれ、のちに許されて鯨の口から吐き出されたという記事との連想によるもの。
一七〇頁＊　コロンブスの騎士団（Knights of Columbus）友愛慈善団体で会員相互の社会的知的交流を深め、司祭に協力し、カトリック教会の利益を擁護／増進することを目的とする。しかし部外者からはその戦闘的姿勢をいぶかしがられている。

一七一頁＊　オブゲヒーテネ・イーデン（Obgehitene Yiden）東欧のユダヤ人の間に通用している高ドイツ語（イディッシュ語 Yiddish ともいわれる。通常ヘブライ文字で表記）と思われるが、オブゲヒーテネは同定できなかった。イーデンはユダヤ人の意。

テキストは Obgehitene Yiden, "Guardian Jews," include those so-called ultra-Orthodox Jews... であるから、訳文のように理解することも可能と考える。改訂版準備中に、obgehitene の意味を yiddishkeit@pass.to. に尋ねたが、主幹の Michael D. Fein 氏からの返信によると、正確な意味が不明なので回答しかねるということであった。御教示を乞う。

一七一頁＊＊　シュルハン・アルーフ（Shulhan Aruch or Arukh）十六世紀にスペインおよびポルトガルからユダヤ人が追放され民族の統一が弛緩したとき、この危機を救うために Joseph Qaro によって著わされた教典。その厳格さはその後のユダヤ文化を硬直化し、自由な展開を妨げるに至ったといわれる。

二三九頁＊　フラタニティ（frataernity）は男子学生を対象とし、入会希望者に度胸試し的な秘密のあるいは奇矯な入会儀式（initiation）を体験させ、入会希望の熱意を探る。社交、相互援助を目的としてギリシア文字二字ないし三字を組合せてその名称とし、固有の紋章 (emblem) をもつ。キャンパス内またはその周辺に宿泊施設がある。卒業後も全国組織を通じて相互の便宜、親睦を計る。学術、課外活動を特色とする組織もあり、優等で大学を卒業した者のみを会員とするΦＢＫ（Phi Beta Kappa）が有名。女子学生のためにはソロリティ (sorority) という別の組織がある。

訳者あとがき

本書は、Erving Goffman, *STIGMA : Notes on the Management of Spoiled Identity*, Prentice-Hall, Inc., 1963 の全訳である。一九六八年に、ペリカン文庫版が発刊されているが、巻頭のナサニエル・ウェスト『ミス・ローンリーハーツ』からの引用の位置、および若干の語の綴りの差異、単語の相違——一箇所——を除いて両版の間に異同は認められない。単語の相違は、訳の底本にしたプレンティス・ホール版（一四頁、七行目）に defining となっているのが、ペリカン文庫版（二五頁、二二行目）では defending となっており、文脈から後者は誤植と判断した（訳書では三三頁九行目「……自分をスティグマとの関連において定義しているのかも知れない」が、その箇所である）。ゴッフマンの他の著書、論文を私の知る限り列挙しておく（一九七〇年現在）。

著書

1 *The Presentation of Self in Everyday Life*, The University of Edinburgh, 1956.
2 *The Presentation of Self in Everyday Life*, Revised and Enlarged, Doubleday and Company Inc., 1959.
3 *Asylums : Essays on the Social Situation of Mental Patients and Other Inmates*, Doubleday and Company Inc., 1961.
4 *Encounters : Two Studies in the Sociology of Interaction*, The Bobbs-Merrill Company Inc., 1963.
5 *Behavior in Public Places : Notes on the Social Organization of Gatherings*, The Free Press of Glencoe, 1961.
6 *Interaction Ritual : Essays in Face-to-Face Behavior*, Doubleday and Company Inc., 1967.

なお2は1の改訂増補版であり、3の *Asylums* 所収の四篇の論文中三篇はいろいろな機会に発表された論文を増補、再録したものである。また6の *Interaction Ritual* も以下に列挙する論文中の1を除く六篇から成立するものである。ちなみに2の *The Presentation of Self in Everyday Life* は一九六一年に、アメリカ社会学会の最高栄誉であるマッキーヴァー賞を受賞している。

論文

1 “Cooling the Mark Out : Some Aspects of Adaptation to Failure,” *Psychiatry*, Vol.15(Nov., 1952), 451-463.

2 “On Face Work,” *Psychiatry*, Vol.18 (Aug., 1955), 213-231.

3 “The Nature of Deference and Demeanor,” *American Anthropologist*, Vol. 58 (June, 1956), 473-502.

4 “Embarrassment and Social Organization,” *American Journal of Sociology*, Vol. 62 (Nov., 1956), 264-274.

5 “Alienation from Interaction,” *Human Relations*, Vol. 10 (1957), 47-59.

6 “Mental Symptoms and Public Order,” in *Interaction Ritual*, pp.137-148.

7 “Where the Action is,” in *Interaction Ritual*, pp. 149-270.

ところでゴッフマンの経歴であるが、私は著作を通して以外、彼をほとんど知らないので、ペリカン文庫版『スティグマ』所載の筆者紹介を借用しておこう。（二〇〇一年現在では、イーヴ・ヴァンカン（石黒毅訳）『アーヴィング・ゴッフマン』せりか書房、一九九九年で、かなり詳細に知ることができる。）

アーヴィング・ゴッフマンは一九四五年にトロント大学（カナダ）を卒業。一九四九年、シカゴ大学において社会学専攻で M.A. を得ている。一九四九年から一九五一年に至る間、エジンバラ大学に社会人類学科のスタッフの一員として席をおき、この間シェトランド諸島でフィールドワークに従事。ついでシカゴ大学社会科学部の二つの研究計画に参加した。一九五三年、論文『島の村落社会におけるコミュニケーション行動』Communication Conduct in an Island Community でシカゴ大学より Ph.D.（社会学）を得る。一九五四年より一九五七年まで、合衆国国立精神衛生研究所の社会環境研究室で、客員研究員として過ごす。同研究所での研究のかたわら、聖エリザベス病院（ワシントンD・C・）で一年にわたって参与観察を行なっている。一九五八年、ゴッフマンはカリフォルニア大学（バークリー）の社会学部のスタッフに加わり〔客員助教授〕、一九六二年には教授（社会学）になっている。一九六八年九月に、ペンシルヴァニア大学人類学・社会学部に転任した。

ゴッフマンの社会学（あるいはむしろ社会心理学というべきか）は、現在のアメリカ社会学界の一般的傾向を背景にしてみると、いくつかの顕著な特徴を示している。

第一は、彼の関心がきわめて日常的な素材に向かっているということである。たまたま彼の主著と目される『日常生活における自己の提示』（邦訳『行為と演技』）が直接にそのことを示唆しているが、彼が観察し、分析するのは〈公共の場所〉における人びとの所作であり、〈行逢う〉人びとの間に交わされる〈表情〉であり、彼らの覚える〈当惑〉であり、彼らが相手に示す〈敬意〉であり、彼らがゲームをするとき得る〈愉しみ〉なのである。このような主題は、ゴッフマンが私淑するゲオルク・ジンメルの他に、従来社会学においてほとんど顧みられなかった問題である。

第二は、集団、集合体、制度、全体社会などの巨視的レヴェル、すなわち社会学がもっとも本来的な社会学の主題として分析してきたレヴェルの問題にはほとんどふれていないということである。

第三は、非統計学的アプローチである。彼の主題の性質が定量的方法に適合的でないせいもあろうが、彼の著作は表、図にはおよそ無縁であって、むしろ文化人類学、社会人類学の多くのモノグラフィに似て、定性的記述を一貫したスタイルとしている。これは現代のアメリカ社会学の主潮からするときわめて異端的といえるであろう（しかし先にも記したように、異端的ともいえるスタイルの仕事が、マッキーヴァー賞を受賞していることは、彼の才能と、主題の正統性の証言とはいえないだろうか）。

彼の記述は、いわば一種の饒舌体であって、本書の第二章にはこの傾向がよく現われており評者のひとりは、「攻究された問題は重要であり、ゴッフマンの分析は、洞察力を示し、肯綮にあたっている」が、「きちんと詰めたら、二分の一のスペースにおさまったはず」と、さえいっている（E・ワインステイン、A. J. S. Vol.LXX, No.5 (1965), p.636）。およそ一つの章におさまりそうにもないさまざまの事例を次々にあげて、執拗に主題を追跡する態度は、強引ささえ感じさせる。しかし、このような饒舌を重ねるうちに、捨て難い発見もするのである。

ゴッフマンの分析の基本的用具は〈役割〉である。役割概念には大きくいって二つの基本的流れがあると思われる。その一つはR・リントンの『人間の研究』Ralph Linton, *The Study of Man*, 1936 以来、多少とも社会体系内の〈位置〉とワン・セットをなすものとして、役割を社会構造に引き寄せて理解する立場であり、他はG・H・ミードの遺稿をまとめた『精神、自己および社会』G. H. Mead, *Mind, Self, and Society*, 1934 以来、ダイアディックな役割遂行者相互間の社会心理的地平を準拠枠とする役割概念である。前者の立場の一つの完成点はS・F・ナデルの『社会構造の理論』S. F. Nadel, *The Theory of Social Structure*, 1957, R・K・マートンの『役割セット』R. K. Merton, *Role-Set*, 1957 であろうし、後者の代表作は、N・グロスの『役割分析の探究』N. Gross *et al., Explorations in Role Analysis*, 1958 といってもよかろう。T・パーソンズの一九五〇年代初期の諸労作にはこれら二つの流れの合流が認められる。

ゴッフマンの役割概念は、社会構造の要素的単位ではなく、むしろダイアディックな相互交渉を解析する社会心理学的用具としての意味のほうがつよいと思われる。〔のちにこの種の視角は社会学的社会心理学として展開することになる（Erving Goffman, “A Reply to Denzin and Keller,” *Contemporary Sociology*, Vol.10, No.1 (January, 1981, p.61. : Andrew J. Weigert, *Social Psychology : A Sociological Approach through Interpretative Understanding*, Notre Dame Univ. Press,

1983.)。〕

相互に交渉する人間の間には、双方がそれぞれ了解している相手に対する役割期待が作動している。社会における役割期待は人間の生物学的次元とは無縁である。したがって役割期待を自然発生的なものと捉えることはできない。たとえば新生児と母親の役割関係には一見自然発生的なものを思わせるようなところが認められる。しかし、もしこの役割関係がいわゆる〈本能〉に、したがって生物学的因子に規定されているものであるならば、母 - 子の役割関係は安定的に混乱なく作動するであろう〔プロヴェンス／リプトンは、大人にあまり抱かれた経験のない乳児は「抱かれる姿勢に適応できない。」と報告している。乳児は誕生以来大人に抱かれることによって、抱かれる姿勢、筋肉のレディネスを発達させている、というのである(Sally Provence / Rose C. Lipton, *Infants in Institutions*, International Universities Press, 1962.)〕。同様に男 - 女の役割期待が〈本能〉に規定されているならば、性同一性障害を如何に説明するか。生物学的因子が右のような役割関係を規定する有力な要因であることには、疑いの余地はない。しかし、上記のような役割関係は、生物学的であるよりもはるかに〈社会学的〉であるというのが役割論的視点である。

ある社会内の役割関係、役割期待は主としてその社会の〈文化〉、〈基準〉に規定されている。文化的基準は所与である生物学的因子にさまざまの解釈を加える。生物学的因子はいわば核であり、その上皮として文化的基準が浸潤して身体化する。行為者相互間に成立する役割関係は、したがってそれぞれの行為者の内部に単純に無媒介に自然発生するものではなく、誕生した個々人が成長の途次、生まれ落ちた社会の文化を〈学習 - 習得〉して、身体的自己の一部としてきたものなのである。この過程は、社会学、社会心理学では〈社会化〉とよばれている。

この過程を個人の生活史に沿って継時的に考察する最近の傾向とは違って、むしろ共時的にいわば断面を分析する上で大きな貢献をしたのがG・H・ミードであった。彼は行為者が他者に向かって行為するとき、ただ自己の視点からのみ他者に対して定位するのではなく、他者の視点を自己の内部で装《と》ってみて、すなわち他者の役割を装って(taking the role of the other, role-taking) みて、初めてコミュニケーションが成立することを指摘した。

……人が自己自身を反省し、したがってまた自分の意思伝達過程を方向づけることができるのは、他者の役割を装《と》るということを通してである。……このような〔他者の〕役割を装《と》ることによってただちに生ずる結果は、自分自身の〔他者に対する〕反応に統制を加えることができる、という点にある。協調的過程において個人が自分の行為に加える統制は、彼が他者の役割を装《と》り得る限り、彼の所行に現われるのである。(G. H. Mead, *Mind, Self, and Society*, University of Chicago Press, 1934, p.254)

右の過程を通して個人は、個々の役割を理解し、自己のものとするのであるが、個々の役割の内面化だけでは自己は断片化せざるを得ないのではないか、すなわち役割の束に過ぎない自己ということになるのではないか、という疑問も生じてこよう。しかしそれは役割の基本的性質を看過した危惧に過ぎない。なぜなら、役割は本来孤立的なものではなく、すぐれて関係的なものだからである。ミードの所論にもあるように、行為者Aの役割は、行為者Bの役割とワン・セットになっているのであり、AはBの役割を理解せずには、自分自身の役割を充分に遂行することができないのである。断片的役割が加算されて社会が構成されるのではなく、社会の規範が分節して個々の役割ができているのである。したがって、ミードは個々の役割の背景を、〈一般化した他者〉(the generalized other) という概念で把握している。〈一般化した他者〉とは、特定の社会における〈規範化した〉人間像にほかならない。この視点からすると、人間とは何か、という問いは、特定の社会との関連において答えられるのであり、それは特定の社会の文化、規範を問うことにひとしい。この問いは、役割論という準拠枠で捉えられるとき、特定の社会のもろもろの役割を超えて、あるいは貫通して存在し、特定社会の成員に求められているいわば〈人間という基本的役割〉を定義することを意味する (C・ギアーツ (吉田禎吾訳)『文化の解釈学』I (岩波書店、一九八七、第2章「文化の概念の人間の概念への影響」、とくにⅢを参照))。この文脈では人間は自明の存在ではなく、性、年齢その他さまざまの属性が解釈されるように、歴史的社会的事実として、つねに解釈の更新を迫られる存在にほかならない。

以上のようなミードの役割論を背景とするとき、ゴッフマンの一見唐突な命題が明らかになるであろう。

われわれは、ゴッフマンがスティグマと一括するさまざまの現象にいわば実体性を与えてはいないないだろうか。いわば不動の、固定した存在を与えてはいないだろうか。

……スティグマという言葉は、人の信頼をひどく失わせるような属性をいい表わすために用いられるが、本当に必要なのは明らかに、属性ではなくて関係を表現する言葉なのだ、ということである。(本書一六頁、傍点は引用者によるもの)

人間のさまざまの現象を〈関係〉という地平においてみること、社会学がすぐれて〈関係の学〉であるならば、これはきわめて正当な手続きといわねばならない(ただしこの場合の関係はいわゆる形式社会学派におけるそれとはやや違う)。しかしこれはまた危険きわまりない道という予感がわれわれをおそう。いっさいが動き、支点がたえずぐらつく挺子を果てしなく動かさなくてはならないのではないかという予感が。

……ある種の者がそれをもつとスティグマとなる属性も、別のタイプの人には正常性を保証することがある。(本書一六頁)

常人のなかのもっとも幸運な人びとでも半ば隠れた欠点をもつのが普通であり、しかもどんな小さな欠点もそれが大きな影を投ずるときは、即自的な社会的アイデンティティと対他的な社会的アイデンティティの間の世人の目を避けたくなる乖離を生ずるようになる機会が社会には存在するのだ。たまに不安定な人と、常時不安定な人とは一つの連続体の上にある。（本書二二四頁、傍点は引用者によるもの）

たまに不安定な人と常時不安定な人が、常人の役割とスティグマ所有者の役割と置き換えられて考察されると、両者の相互交渉は、ミードの指摘に明らかなように、共通の規範を表裏から遂行することが判然とする。すなわち両者は一つの統一的全体をなしている、という認識に至るのである。

……スティグマとは、スティグマのある者と常人の二つの集合（pile）に区別することができるような具体的な一組の人間を意味するものではなく、広く行なわれている二つの役割による社会過程（a pervasive two-role social process）を意味しているということ、あらゆる人が双方の役割をとって、少なくとも人生のいずれかの出会い《コネクションズ》において、いずれかの局面《フェーズ》において、この過程に参加している……常人とか、スティグマのある者とは生ける人間全体《パースンズ》ではない、むしろ視角《パースペクティヴ》である。（本書二三二頁、傍点は引用者によるもの）

常人、スティグマのある人が視点、ないし役割であり、両者が同一の文化／規範を分有しているとき、両者の間の力動的過程は次のようなものになる。

彼〔スティグマのある人〕を拒絶する社会に対する彼の嫌悪感は、まさしくその社会が自尊心、品位、独立心などをどう捉えているか、という点と関連させてのみ理解できるものなのである。要するに、依拠すべき異類《エイリアン》の他者の文化が他にない限り、常人から〔社会〕構造の上で分離すればするほど、彼は文化的にますます常人に類似してしまうのである。（本書一九一―二頁、傍点は引用者によるもの）

役割を遂行しながら他者と交渉するうちに人はさまざまの関係のなかで「彼が演ずる頻度」（本書、一三二頁）のもっとも高い役割を自己と等置し、その等号の幻術によってその役割を自己の全体像とする。また同様の手続きで他者の全体像をも構成する。スティグマをもつ他者を差別し、蔑視するわれわれこそまた、自己自身に何らかの可視的な疵があれば、他者をしてわれわれを差別し、蔑視させるものなのである。

訳語について少し述べておきたい。本書を通じて頻出する言葉にidentificationがある。この術語は精神分析では通常〈同一視、同一化〉という定訳がある。ゴッフマン自身、精神疾患者の観察をしている以上、精神分析的用法をまったく無視しているとは断定し難い。しかしながら、正統的精神分析家の一人に数えられているE・H・エリクソンの自我アイデンティティに言及している第三章で、日常的社会生活において可視的な諸徴表を指示対象とする個人的アイデンティティ、社会的アイデンティティは、

……さしあたって先ず、そのアイデンティティが問題になっている当の個人に関して複数の他人が抱くさまざまな関心《コンサーンズ》ならびにさまざまな定義《デフィニションズ》の一部をなしている。個人的アイデンティティの場合、このようなさまざまな関心、定義にはときに、当人の誕生以前から生じ、埋葬されてしまってからも存在しつづけるものがある。したがってこれは個人自身が、アイデンティティの自覚はもちろん、感覚／感情をまったく所有していないときでも存在するものである。（本書一七九―八〇頁）

と規定され、その客観的性格が強調されている。このような背景にpersonal identification, social identificationという術語をおくとき、identificationは、Identification cardの用語法に近いと思われた。身分証明とは「証明書の所持者が、証明書に記載されている諸事実に対応して同一のものであることを認定する」手続きであろう。また、植物学などに「ある個体があるカテゴリーに属する」ことを確認することを、「同定する」という用語法がある（またゴッフマン自身が第

三章の注1、2につけた説明も参照のこと）。以上のような理由によって〈アイデンティティの同定〉という訳語をあてた場合が多かった。しかし、文脈に応じて、〈同類意識〉、〈一体感〉、〈アイデンティティの確立〉などとしたところもある。

The normalsに〈常人〉という訳語をあてたのであるが、ゴッフマンの場合常人は実体概念ではなく、操作概念であることを考えると、適訳とは思えない。文脈を見れば分かるように、常人の役割とスティグマのある人の役割との関係を分析するために、状況内で成立した双方の役割の定義を、いわば一時的に凍結したものに過ぎない。ダイアディック・モデルによって社会的相互交渉を分析する社会学者、たとえばT・パーソンズ、が分析の投錨点となる行為者をEgo、その相手をAlterとするのと類似していると私は考えている。つまり、即自的な社会的アイデンティティが常人ということはあり得ず、それは対他的な社会的アイデンティティに過ぎないのである。またnormalはthe normal curve, the normal distributionという用語法に見られるように統計学的な意味をもっている。この場合、ある属性の観察される頻度に関しての言明が含意されている（二二頁参照）。このような意味を背景にすると、ある現象がnormalであるという言明は、きわめてよく観察されるということであって、価値判断を含意するものではない。またこのような意味で、人間に関係のあるあらゆる属性の一つ一つに関して、すべてnormalである人間は考えられない（二一六頁参照）。したがって常人という一般的役割は厳密にはないはずであり、ある特定の状況内に生じた役割関係に即してのみ常人なのである。したがって本文中の常人という言葉もそのように理解するのが妥当なのではないかと私は考えている。

Normは右のnormalに密接な関連をもつ言葉であることはいうまでもないが、社会学では通常、規範という訳語があてられている。しかしゴッフマンの用語法には、規範という言葉に感じられる当為的要素はほとんど認められない。スティグマを考察する場合、たとえば、通常の視力のある状態を上記の意味でのnormalな、すなわち常人の状態とすれば、盲目を規範に外れているとは通常いわないであろう。そこで基準という訳語をあてた。以上のほかにも二、三の試みはあるが割愛させていただきたい。そのような試みはもちろん訳全体としても随所に思わぬ誤ちをおかしていることであろう。読者諸兄姉の御教示をお願いする次第である。

私事にわたって恐縮であるが、本書を出版するにあたって、多くの方々に大変お世話になった。ことに同学の畏友、立松弘孝氏のお力添えと友情なしには、本書はこのような形で世に出ることはなかったであろう。心からお礼申し上げたい。

一九七〇年十一月

改訂版へのあとがき

『スティグマの社会学』の改訂版上梓までに訳者のゴッフマン理解にどのような変化があったかを報告する前に、その前提になっていることに触れておきたい。

標準的な心理学のテキストでよく見る図解に、反転図形（多義図形）がある。「ネッカーの立体図」「老婆と若い娘」「杯と二人の横顔」「ウサギとアヒル」などがよく知られている（やや詳細な議論に関心がある方には、さしあたって村上陽一郎『科学と日常性の文脈』（海鳴社、一九七九年）をお薦めしたい）。

「ネッカーの立体図」の場合は○のある角が手前に見えるか奥に見えるか、「老婆と若い娘」の場合は老婆が見えるか若い娘が見えるか（後の二例も同様）、いずれの場合も一つの図を認知すれば他の図は背景（地）に退き、見えなくなる。認知に必要な視覚情報は私たちの眼前の絵に全て与えられているにもかかわらず、一つの絵の中の二つの図を同時に見ることはできないのだ。

ゴッフマンにも、「常人には地であるものが、彼（スティグマのある人）にとっては図なのである。」（本書一五〇頁）という認識があることを指摘しておこう。

静態的図形にしてこのようである。まして刻々と新要因が加わる人間世界にどのような図を読み取るか、一つの図を読み取りこれが唯一と断定するときにはすでに新たな新要因が加わっている。実は読み取る過程ですでに新要因は加わっていたのだが。

同じ事象から何故かくも異なる図が読み取れるのか。

一つの視点は一つの地平を開く。しかし認識する人間にとって、一つの地平の前に広がる展望は、一定の視角からする限られた範囲の視野しか与えないのが通常である。頭を巡らすか身体の向きを変える以外、視野が、広がることも、全方位に亘ることもない。それはこの言明にしてからがすでに一つの限られた視点を開いたにすぎず、これに固執すれば、私は一つの視野に閉じ込められるという事態に陥る。

三〇年前の「訳者あとがき」に、私は大要、本書の社会学書としての特徴を三つ挙げ、ゴッフマンはスティグマを関係を基本的枠組、役割を分析的概念として究明していると記した。現在でもその理解に大きな変化はない。

しかし改版を機に読み直してみると、ゴッフマンについて三〇年の間に私に生じた、A・シュッツの所謂、知の蓄積（stock of knowledge）によって、本書の風景つまり図が少し変化させられたのである。三〇年後に生じた変化の主たる源泉は、ゴッフマン自身の修士論文、博士論文、Yves Winkin, *Les Moments et Leurs Hommes*, Seuil et Minuit, 1988（イーヴ・ヴァンカン〔石黒毅訳〕『アーヴィング・ゴッフマン』せりか書房、一九九九年）である。詳細は同上書の「解説」を読んでいただくことにして、ここでは紙幅の許す限り、私の地平に生じた変化を報告したい。

旧版で私は、この書をもっぱら関係論という視点で解説した。

ゴッフマンは修士論文で師のW・ロイド・ウォーナーが先行研究で調査用具として用いたTAT（主題統覚テスト）を、自らも使い追試を試みる。その結果、従来のTAT分析が「素朴実在論的な心理学の枠組」に支配されていたことを突き止め、そのことを言語学者のB・L・ウォーフ、E・サピア、哲学者のE・カッシーラー、物理学者のP・ブリッジマンの諸説にもとづいて批判したのである。彼は二〇世紀前半の時代思潮に鋭く反応していたのだ。その限りではゴッフマンの立場を関係論的と特徴づけることに誤りはなかったと思う。しかしゴッフマンの所論に関係論という図だけを見ることは、本書の一半を捉えたにすぎないことに気づくべきであった。

「スティグマのある人は、他の誰とも同じ様に完全な人間、……彼は一つの典型でもなければ、一つのカテゴリーでもない。一個の人間なのである。（本書、一九二―三頁）

「……スティグマを身辺に伴わねばならないことの不当さと苦痛は、常人には示されることがない、ということなのである。（本書、二〇三頁）

「……この著作で概説したような境涯に悩み苦しむ人びとの数を数えることはあまり役に立たない……（本書、二一七頁）

「これまで……緊張処理と情報の管理／操作――すなわち、スティグマのある者は、侮辱と信頼喪失〔の危機〕に晒されている傷つき易い自己を他者にどのように呈示し得るかという問題が――が強調された。しかしこの点で分析を中断することは、実際にははるかに脆弱なものに堅固な現実性を与えることになり、偏った展望をつくりだすことになる。（本書、二二七頁）

ゴッフマンは、スティグマのある人びとの置かれた状況を心得ているにもかかわらず、関係論的枠組をスティグマ分析に用いるという冷酷ともいえる企てを試みたのだが、「悩み苦しむ人びとの数を数えること」ことを自己の社会学の仕事とはしなかったし、またその人びとを突き放して見ていたわけでもなかった。ましてスティグマの関係論的分析をもって能事終われりとしたわけでもなかった（ヴァンカンはゴッフマンにシカゴ学派、とくにR・パーク、H・ヒューズ、の道徳的感覚の継承を認め彼の気分を「冷たい怒り」と表現している（前掲書、一二一頁）。またゴッフマンはのちに論文“The Insanity of Place”（*The Relations in Public*, Basic Books, 1971所収）で報告される近親の心身に関わる痛ましい事件を自ら生き（同上書、一二九頁）、関係論の虚構には留まれないことは感得していたのである。

スティグマのある人びととわれわれ常人の関わり合いの力動的過程の関係論的分析で開けた

地平に関する証言は、本書にも収録されている旧版の「あとがき」に引用してあるから（二八九—九一頁）そちらを見て頂きたいが、もう少し先があった。長いが次に引用する。

一般的な定式は明らかである。すなわちスティグマのある者に要求されているのは、自分の荷が重いとかあるいは彼がその荷を担っているので常人《われわれ》とは違った種類の人間になってしまったといったようなところを、些かも見せずに行動するということであり、同時に彼についての〔スティグマという荷はさほど重くなく彼と常人とはさほど違ってはいないという〕信憑を常人が痛み感ぜずに信じられるほどに常人から距離を保って身を恃さなくてはならない、ということである。別の言い方をすると、スティグマのある人は〔自分の立場での〕自己自身ならびに常人の受け容れ方を、そもそもまだ常人が彼に示したこともない〔常人の立場での〕彼の受け容れ方と、交換するように忠告されているのである。虚の受け容れ（a phantom acceptance）はかくして虚の正常さ（a phantom normalcy）の基盤を準備することを可能にする。この場合スティグマのある人は、当然常人《われわれ》の社会において正常的‐基準的（normal）と定義された自己に対する態度に、右のように徹底的に囚われているにちがいないので、つまり完全にこの定義が身についているにちがいないので、そのように定義された自己を、他人事として気乗り薄に見ている底意地悪い観衆を前にして、誤たずに演ずることができるのである。彼は常人たちと一緒になって仲間のなかの不平分子たちに、彼らの嗅ぎつけた軽蔑は架空のものだ、と差し出口をするようにさえなる――この〈嗅ぎつけられた〉軽蔑は、いうまでもなく、おそらく時には的を射た推測なのである。（二〇四―五頁）

ここに露呈されているのは、世界を支配している権力関係の透視図ではないか。「常人たちと一緒になって仲間のなかの不平分子たちに、彼らの嗅ぎつけた軽蔑は架空のものだ、と差し出口をするようにさえなる。」という図も含めて、人間社会の至る所に見られる図ではないか。スティグマと正常の間での虚の受け容れと虚の正常さの鬩ぎ合いは、個々人の間の関係からおそらく人種間、民族間にまで亘っている。おそらくと私が書くのは、ゴッフマン自身は自分の見聞の範囲を超えた「大きな物語」を禁欲しているからである（「大きな物語」へのゴッフマンの疑念は、自分の研究スタイルを弁明する「……おそらく、その中で子どもたちがみな寒さでふるえている一つの大きな素晴らしい天幕よりも、別々の衣服を一人ひとりにちゃんと着せたほうがよいのだ。」という*Asylums*（1961）への序言（Anchor Books, p.xiv〔邦訳 vi 頁〕）に表明されていた）。

二人の個人間の相互的適応および相互的容認は、一方の者が相手の出していると思われる提案を百パーセント受け容れたりすると、根底から動揺させられるのである。あらゆる〈肯定的〉関係は、考慮と援助に暗黙に前提されている信用が実際に当てにされると、この関係は

損われるという約束の下に成立しているのである。(二〇六頁)

『スティグマの社会学』が書く物語は、基本的には個人間のそれである。それは彼が博士論文のエピグラフとして選んだG・ジンメルの『社会学の根本問題』からの一節以来(長いので割愛せざるを得なかったが、ヴァンカンの前掲書に(二〇五―六頁)引用されている)、取り続けてきた姿勢である。関係論、大きな物語の禁欲はポストモダンの徴表であるが、ゴッフマンはこれを五〇年代に実践しながらそこに留まらない。留まればそこには一つの地平しかないからだ。後年*Relations in Public* (1971) への著者覚書で、ゴッフマンは「〔公的秩序〕という単一の標的をまちまちの間隔をおいて六つの異なる位置から狙撃した……」と書くが、本書のV章の最終節でも次のようにいう。

以上私が論じてきたことは、多様なスティグマ所有者たちは分析のためにその種の人びとを一括する根拠が充分に認められるほどに、生活上共通の状況におかれているということであった。したがって、伝統的な社会問題の諸分野である民族関係、人種関係、社会的解体過程、犯罪学、社会病理学、逸脱などから一つの抽出――これらの分野すべてに共通しているものの抽出――が試みられてきたのである。これらの共通点は人間性に関するごくわずかの前提に基づいて組織することができる。抽出された後に伝統的な諸分野のそれぞれに残って

いるものは、それが何であれそれぞれの分野に本当に特殊なものとして、再検討されるであろう。（二四五―六頁）

一つの対象の解明には多角的に照明することが必要だというのである。自著への批評、批判に対しても「立論とそれへの反論では、社会を研究することにはならない。」と禁欲を守ったゴッフマンであるが、生涯に一度、ある書評家たちの描くゴッフマンの「出来の悪い虚像を支えているのは、個人の多方向からの論究を簡略に特徴づけられるような資料だけにまとめようというこの下心だ。」（Goffman, 1981b, p.61）と、自己の営為を弁明する文章で、自分の仕事が多面的であるという自負に基づいて反論している。

関係論的分析はゴッフマンの一つの方法である。しかし彼はそれに固執しない。彼が本書で引用したの何人かのスティグマのある人の生き方に認め、密かに同類意識を示した自在な生き方こそ、彼の理想とする方法的立場だ、と思われるのである。

The Presentation of Self in Everyday Life（1957/1959）（邦訳『行為と演技――日常生活における自己呈示』誠信書房）で彼は一躍、演劇論的アプローチを主導する社会学者としてイメージを固定されまたそれを期待されるに至るが（本書にもその片鱗は随所に窺える）、しかし彼は 演劇論的アプローチは「技術論的・政治論的・構造論的・文化論的視点に加えて第五の視角をなすもの」とその限界を認めていたのである（邦訳二八三頁）。さらに同上書の最終二頁で「舞台の

語彙は……幾分かは修辞であり、戦術であった……したがってここで、舞台の用語と仮面は抛棄される。足場は、つまるところ別のものを建てるためのものであり、いつか取り壊すことになるのだということを見通して組み立てられるべきものなのである。」と誰の目にも見落とせないところで明言していたのだ。（邦訳三〇〇―一頁）

ヴァンカンが発掘したゴッフマンの高校時代の渾名《あだな》は pooky だという。由来は不明だとヴァンカンは余計な解釈を禁欲しているが、私は敢えて禁を犯して憶測してみたい。二つある。一つは spooky（幽霊の、神出鬼没の）の s が落ちたという憶測、他は pook = a mischievous or tricksy goblin (OED) に y がつき形容詞化したという憶測、である。ヴァンカンが前掲書で紹介している挿話がある。ゴッフマンは家に化学実験室をもっていて（彼は高校時代、化学が志望学科であった）、高校の卒業舞踏会に自家製の臭気爆弾を投げ込んだという挿話だ。一頃ゴッフマンは社会学の enfant terrible とよばれていた。変幻自在で捉えどころがなく偶像破壊者と目されたのである。しかしそのような外見の下に、たとえばR・コリンズは、社会学の伝統に根ざすゴッフマンの営為を見抜いていた（Randall Colins, in Jason Ditton, ed. *The View form Goffman*, St.Martin's, 1980）。

ゴッフマンは社会学の pooky か。本書のゴッフマンはスティグマと常人の二つの世界を自在に動き回るトリックスターである。この文脈でのトリックスターの地平は、当面、スティグマと「正常」の世界に開かれている。トリックスター・ゴッフマンの見たのは、スティグマのある人びとの行動準則、つまり自己の在り方は常人世界のものであること、彼の自己は「自分のなかに棲みついた他者《エイリアン》、すなわち彼に向かって、彼を通して語りかける集団の声」なのである（二〇七頁）。スティグマのある人びとに生じていることは当然、常人たちにも生じている。しかもその準則はいずれの世界でも「二重底」である（同上）。しかしゴッフマンはその二重底を踏み破らない。この二重底の世界で生きる他に道がないと見ているからである。その認識は博士論文で「配慮するgive consideration to」の問題として扱われている（博士論文、一〇三頁）。これはのちに*Interaction Ritual*, 1967（邦訳『儀礼としての相互行為』法政大学出版局）に収録される諸論文で詳述される問題に他ならない。ここにはまだ論ずべきことが多々あるが、与えられた紙幅を大きく越えた今は割愛せざるを得ない。

ゴッフマンはスティグマと正常という反転図形の図を同時に見たのである。彼はネヴァダのカジノでカード・ゲームのディーラーを勤めながら、ゲームの虚世界が実世界に反転するのを目撃している（同上書、ならびに"Where Action is," *Interaction Ritual*, Anchor Books, 1967所収）。ゴッフマンはまた株式市況を聞きながら、株の反世界と実需の世界が二転三転して止まないのを体験していたのである（ヴァンカン、同上書、一二六頁）。

もう一言。本書でスティグマとして扱われたさまざまな障害、欠点、たとえば同性愛、離婚などはゴッフマン自身すでに予見していたように、スティグマとしての性格を弱めてきている

（本書、二三二頁）。アファーマティヴ・アクションもスティグマの背景を変貌させ始めた。アメリカ合衆国バーモント州では二〇〇〇年七月一日以降性同一性障害者たちの同居が合同生活法により認められた（「結婚とは定義しない」ということであるが）。本書で頻繁に登場する難聴のような障害も人工内耳のような装置により克服されようとしている。ＩＣを組み込んだ義肢の発達も刮目に値する。またパラリンピックでの障害者のめざましい活躍も、彼らへの常人の認識を大きく変えさせてきている。我が国でも乙武洋匡さんや梯剛之さんような方々の登場が、障害者を取り巻く環境に徐々にではあるが人びとの目を向けさせるようになってきている。この分野で先進的な諸国を追ってバリアー・フリーの社会環境を整える動きも遅々たるものではあるが、始まっている。しかし他方、ＨＩＶのような新たなスティグマの理由になる問題も生じてきている。

人びとが優／劣、良／否の差異を認知するところでは、依然として劣位に帰属される瑕疵がスティグマとして扱われる機会は存立しつづけるのではなかろうか。バーモント州の合同生活法のような法的措置ができても、同性愛者が完全な市民権を得たということではなさそうである。小説の世界のことではあるが、John Grisham, *The Brethren*, Arrow Books, 2000（邦訳『裏稼業』）は同性愛者を脅迫して金銭的利得を得る三人の元判事たちの話である。

旧版以来のゴッフマンの書誌は、ヴァンカンの前掲書を参照して頂ければ幸いである。

せりか書房と編集長の船橋純一郎氏には、拙訳に改版の機会を与えて下さったことに対して心からお礼を申し上げたい。この種の書物がなかなか読まれないと言われる時代に、重要な文献（と訳者は考えるのだが）とはいえ、これを出版するのは大変な冒険であろう。その貴重な機会と附託に訳者は応え得たかどうか、努力はしたつもりであるがまだまだ気がかりな点は多い。読者諸兄姉の御叱正御批判を待つ次第である。

石黒　毅

二〇〇一年立春

訳者略歴

石黒　毅（いしぐろ　たけし）

1931年生れ。慶応義塾大学文学部大学院文学研究科哲学専攻終了。南山大学文学部名誉教授。訳書にE・ゴッフマン『アサイラム』『行為と演技――日常生活における自己提示』（誠信書房）、S・コーエン／L・テイラー『離脱の試み――日常生活への抵抗』（法政大学出版局）、イーヴ・ヴァンカン『アーヴィング・ゴッフマン』（せりか書房）。

スティグマの社会学――烙印を押されたアイデンティティ

2024年　2月8日　改訂版第6刷発行

著　者　アーヴィング・ゴッフマン
訳　者　石黒毅
発行者　船橋純一郎
発行所　株式会社 せりか書房
〒112-0011　東京都文京区千石1-29-12
電話 03-5940-4700　振替 00150-6-143601
http://www.serica.co.jp
印　刷　信毎書籍印刷株式会社
装　幀　工藤強勝

ISBN 978-4-7967-0043-6